KB141569

책으로 시작하는 부동산 공부

※ 일러두기
1. 부동산 관련 용어들을 설명하고자 신조어(부린이, 줍줍 등), 줄임말(마래푸)을 사용했음을 밝힙니다.
2. 인용한 도서와 자료에서 이 책의 맞춤법 규정과 다른 부분이 있음을 밝힙니다.

책으로 시작하는 부동산 공부

초판 1쇄 발행 2020년 8월 5일
초판 14쇄 발행 2022년 6월 1일

지은이 레비앙
발행인 조상현
마케팅 조정빈
편집인 김주연
디자인 Design IF

펴낸곳 더스(더디퍼런스)
등록번호 제2018-000177호
주소 경기도 고양시 덕양구 큰골길 33-170
문의 02-712-7927
팩스 02-6974-1237
이메일 thedibooks@naver.com
홈페이지 www.thedifference.co.kr

ISBN 979-11-6125-262-9 (03320)

| 더스 | 더디 | 더디퍼런스 | 마이북 |

책으로 시작하는 ——— 부동산 공부

부의 길로 가기 위한 첫걸음

레비앙 지음

더스

비교지옥에서
얼른 빠져나오세요!

저는 남의 말을 잘 안 듣는 성격입니다. 옆에서 그럴 듯한 말이 수없이 들려와도 스스로 납득이 안 가면 행동으로 옮기지 못합니다. 저축은 열심히 했지만 투자는 하지 못했습니다. 주식이나 부동산 같이 위험한(?) 것보다 예금이 훨씬 안전하고 좋은 투자라고 믿었습니다. 물론 예금이 나쁘다는 것은 결코 아닙니다. 쓰는 것보다 모으는 것의 중요성을 알았기에 열심히 자산을 늘릴 수 있었습니다. 다만 자산이 더 빨리, 더 크게 늘어날 수 있는 방법이 있다는 걸 몰랐을 뿐입니다. 돈을 모으기만 할 게 아니라 자산을 늘리는 방법에 대해 조금만 더 일찍 관심을 가졌더라면 좋았을 걸 하는 후회가 남습니다. 여러분이 긴 상승장 끝에 지금에서야 부동산에 관심 갖게 된 것을 후회하는 것과 같은 심정입니다.

돈을 모으는 것만이 능사가 아님을 알고 부동산이라는 분야를 공부하기 시작했습니다. 부동산을 공부하면서도 남의 말을 잘 안 듣는 성격은 여지없이 나타났습니다. '어떤 지역이 좋다', '어떤 아파트가 좋다'라는 말을 들어도 선뜻 계약할 '용기'가 나지 않았습니다. 조금 비싸지만 신축이 나을지, 낡았지만 살기 좋은 구축을 사야 할지 판단이 서지 않았습니다. 잘 팔리는 소형평수를 사야 할지, 내가 살고 싶은 대형평수를 사야 할지도 결정하기 어려웠습니다. 적지 않은 자산을 들여, 혹은 전 재산을 탈탈 털어 사는 집인 만큼 많이 올랐으면 하는 바람은 누구나 같습니다. 무엇을 사야 할지 매 순간 고민되는 것도 당연합니다.

지나고 보니 지난 상승장에서 어느 것을 샀어도 아파트 값은 다 올랐습니다. 수도권이라면 지역에 관계없이 거의 올랐습니다. 소형을 살지 대형을 살지, 신축을 살지 구축을 살지 백 번 고민했지만 결국 전부 올랐습니다. 한 가지 다른 점이라면 어떤 건 조금 올랐고, 어떤 건 많이 올랐다는 것뿐입니다.

주변을 둘러보면 다양한 유형의 사람들이 있습니다. 누가 좋다고 추천하면 바로 매수하는 사람, 발품을 수십 번 다녀와서 신중하게 결정하는 사람, 손품이며 발품이며 열심히 공부하고도 못

사는 사람, 공부만 열심히 하고 안 사는 사람, 과감히 사 놓고 안 절부절 못하는 사람, 소신 있게 결정하고 편안하게 결과를 지켜보는 사람까지 다양한 사람들을 봅니다. 여러분은 어떤 유형의 사람인가요? 아님 어떤 유형의 사람이 되고 싶은가요?

같은 시기에 투자를 하고도 남의 말을 듣고 산 사람이 많이 공부하고 산 사람보다 더 좋은 결과를 얻는 경우도 있습니다. 저도 아쉬움이 남는 투자 경험이 있습니다. 하지만 시간을 되돌려 그 상황으로 돌아간다고 해도 누군가의 말만 듣고 계약할 '용기'는 지금도 없습니다. 아쉬움을 갖고 비교지옥에 빠지는 대신 저는 '마인드콘트롤'을 선택했습니다. 제가 놓친 물건을 되돌아보며 후회하지 않으려고 노력합니다. 이미 계약한 물건의 시세는 체크하지 않습니다. 오늘 당장 매도할 것이 아니라면 시세를 체크하며 아까운 시간을 보내는 것보다 그 시간에 다른 공부를 하는 것이 낫다고 생각합니다. 친구나 지인들이 가진 집의 시세를 체크하며 스스로를 학대하지 않습니다. 과거에서 벗어나지 못하고 비교지옥에 빠지는 순간 발전은 없습니다.

누구나 선망하는 강남 3구에 아파트가 있는 사람은 아쉬움이 하나도 없을까요? 아파트가 100채쯤 있는 사람은 더 이상 욕심이 없을까요? '비교지옥'에서 얼른 빠져나오세요. 그리고 해야 할 것

이 있습니다. 절대 아쉬움이 남지 않을 투자를 위해 스스로의 '안
목'을 키우는 것, 그것이 지금 여러분이 해야 할 일입니다.

저는 부족한 확신을 높이기 위해 오늘도 '공부'합니다. 처음 투
자를 결정했던 순간에 스스로 결정장애가 아닌가 고민한 적도 있
습니다. 다른 사람의 말도 못 믿지만 스스로의 판단도 믿기 힘들
었기 때문입니다. 첫 실거주 집을 사고 잃어버린 10년을 경험한
트라우마도 한 몫을 했습니다. 그렇다면 지금은 결정장애를 극복
했을까요?

저는 제 판단에 '확신'을 높이기 위해 부동산 공부를 하기로 마
음먹었습니다. 강의를 듣는 것 또한 의지할 사람을 찾는 행동이
아닐까 싶어 처음에는 혼자 공부해 보기로 했습니다. 가장 쉽게
찾을 수 있는 스승을 찾아 '서점'으로 향했습니다. 그렇게 혼자
책을 읽으며 부동산 공부를 시작했습니다. 매일 경제뉴스를 정리
하고, 각종 보고서를 찾아 읽고, 관심 있는 지역을 찾아 공부하고,
현장에 가서 확인하고, 매물을 비교해서 투자를 결정하기까지 모
두 스스로 해 보았습니다. 그래서 공부하니까 확신이 생겼냐고
요? 지금은 스스로의 판단을 신뢰합니다. 결정장애였던 제가 예
전보다 빠른 판단이 가능한 사람이 됐습니다. 비교해서 더 나은
것을 찾을 수 있는 사람이 됐습니다. 매수한 물건의 매도 타이밍

도 계획할 수 있는 사람이 됐습니다. 물론 완벽하진 않지만 쌓아 온 시간만큼 확신의 크기는 커졌다고 자신 있게 말할 수 있습니다.

부동산 공부를 하기 위해 읽은 책이 어느덧 400여 권에 이릅니다. 400여 권 중에서 허투루 읽은 책은 단 한 권도 없습니다. 모든 책을 집중해서 읽었고 꼼꼼하게 기록했습니다. 제 인생을 바꿀 만한 좋은 책도 있었고, 시간 낭비라고 생각할 만큼 아쉬운 책도 있었습니다.

주위를 보면 부동산 공부를 하면서 책을 많이 읽는 분들이 의외로 많았습니다. 하지만 그 분들에게도 공통적인 고민이 있었습니다. 책을 덮고 나면 기억에 남는 게 없다는 점, 책 읽을 시간이 별로 없는데 도움이 될 만한 책을 누가 추천해 줬으면 좋겠다는 고민이었습니다. 그런 분들에게 제가 읽은 좋은 책들을 추천해드리고 싶다는 생각이 들었습니다. 거기에 더해 책 읽는 방법도 알려드리면 좋겠다고 생각했습니다. 한 권을 읽어도 온전히 자기 것이 되도록 책 읽는 방법을 바꿔 보라고 말씀드리고 싶었습니다.

저에게 도움이 된 책이라고 해서 모든 사람에게 도움이 되는 건 아닙니다. 제가 공부한 방법이 무조건 맞다고 할 수도 없습니다. 하지만 지금 어떻게 공부해야 할지 방법을 찾지 못하는 분들에게 조금이나마 방향을 제시해 드릴 수 있지 않을까 생각합니다. 먼저 경험한 사람의 방법을 따라 하다 보면 자기에게 맞는 방법을 더 쉽게 찾을 수 있지 않을까요?

그동안 읽은 책 중에서 저의 성장에 도움이 된 책들을 소개하려고 합니다. 제가 책을 읽고 정리했던 방법과, 책을 보고 힌트를 얻어 스스로 공부하며 투자했던 과정까지 전부 담았습니다. 처음에는 조금 어렵고 귀찮을 수 있습니다. '이렇게 까지 해야 하나?' 의심이 들 수도, '도대체 언제까지 해야 하지?' 끝이 보이지 않을 수도 있습니다. 물은 99도에서 1도만 모자라도 끓지 않습니다. 어렵고, 귀찮고, 힘든 순간을 이겨 냈을 때 한 단계 성장하는 건 분명합니다. 이 책을 통해 자신의 한계를 뛰어넘을 여러분이 되길 기대하며 그 시작을 제가 도와드리겠습니다.

5장 부동산 영역
부동산 공부에도 여러 영역이 있다

1장

왜 부동산 공부를
해야 하는가?

부동산 공부를 결심하게
만든 잃어버린 10년

2003년 결혼을 하고 전셋집을 얻어 신혼생활을 시작했다. 집을 사서 신혼생활을 한다는 건 생각지도 못한 채, 당연히 전셋집을 찾아 돌아다녔다. 당시에 친정아버지께서는 전세보다는 작더라도 집을 사면 어떻겠냐고 물으셨던 기억이 난다. 우리 부부가 가진 돈으로는 당연히 부족했지만 대출을 조금 받으면 가능했다. 이제 신혼을 시작하는 자녀에게 대출이라는 짐을 안겨 주면 부담스러울까 봐 조심스레 말씀하셨다. 집을 사서 시작한다는 건 선택지에 아예 있지도 않을 만큼 부린이(부동산+어린이)였기에 친정아버지의 조언은 기억으로 남아 있을 뿐이다.

결혼 후 얼마 지나지 않아 나는 지방 파견을 가게 됐다. 지방과 서울의 전세가 차이로 갑자기 목돈이 생겼다. 부동산 투자는 1도 모르지만 통장에 큰돈을 넣어 두기보다는 '전세라도 끼고 집을 사 둘까?' 하는 생각을 잠깐 했다. 하지만 생각만 했을 뿐 실행하지 않은 채 목돈을 고스란히 은행에 예금하고 지방살이를 시작했다.

2006년 가을에서 겨울로 넘어가던 즈음, 친언니가 갑자기 집을 계약한다는 소식을 전했다. 안 그래도 전세금을 통장에 넣어 둔 것이 아깝다고 생각하던 차에 언니의 '내 집 마련' 소식은 심장을 쿵쾅거리게 했다. '나도 내 집을 갖고 싶다'라는 생각이 그렇게 갑자기 치밀어 오를 줄은 상상도 못했다. 자매 간에는 보이지 않는 경쟁심이 있다고 하는데 '내 집'이라는 말에 마음속 깊은 곳에 있던 질투심이 폭발했던 것 같다. 당장이라도 서울로 올라가고 싶어 미칠 지경이었다.

갓난아이가 있어서 외출이 힘들었던 나는 수지(경기도 용인시 수지구)에 있는 시댁에 간 틈을 타 시어머니께 아이를 맡기고 인근 부동산으로 달려갔다. 근처 부동산에 들어가니 이미 몇 달 전에 비해 집값이 많이 올라 있었고, 부동산 사장님도 굳이 지금 집을 사야 하냐며 고개를 절레절레 흔들었다. 가진 돈이 많지 않았기에 동네에서 가장 저렴한 아파트가 어디냐고 물어 그 동네 부동산에 무작정 들어갔다. 같은 평형인데 주변보다 5,000만 원 정도

저렴했다. 지금 생각해 보면 저렴한 이유가 있는 아파트였다. 다른 아파트 단지에 비해 주변 상권이 열악했고, 부동산에서 그나마 설명한 장점 하나가 버스가 많이 다닌다는 것이었다. 지하철도 아닌 버스 교통이 좋다는 점 하나도 좋게 받아들여질 만큼 판단력이 흐려져 있는 상태였다. 당장 계약하고 싶은 마음을 꾹꾹 누르며 집으로 돌아왔으나 다음에 가면 더 올라 있을 것 같은 생각에 하루하루가 고민의 연속이었다.

이런 사정을 들은 친정아버지께서는 조심스레 친정 근처(서울 강동구) 아파트를 추천하셨다. 며칠 전 보고 온 아파트와 같은 가격대였다. 부푼 마음으로 집을 보러 갔으나 이내 실망감을 감추지 못했다. 수지 아파트와 가격은 같았지만, 대단지 아파트가 아닌 시장 인근에 '나 홀로 아파트'였기 때문이다. 위축된 시장 분위기 탓에 미분양이 난 신축이고, 회사보유분이라 그나마 저렴하게 나왔다는 것도 나중에 알게 됐다. 아파트 위치만 보고도 마음에 안 들어 어떤 조건인지는 전혀 귀에 들어오지 않았다. 친정아버지께서는 신혼집을 얻을 때처럼 아쉬워 했지만 항상 딸의 판단을 믿고 지지해 주셨기에 강요하지 않으셨다. 난관은 또 있었다. 수지에서 봤던 집을 시아버지 역시 반대하셨던 것이다. 아무래도 동네에서 제일 싼 아파트를 고른 것이 불안했던 모양이다. 하지만 이미 마음속에 불을 품고 있는 나에게 누구의 반대 의견이 들어올 리가 없었다. 오히려 반대하는 사람들이 원망스럽게 느껴질 뿐이었다. 결국 시아버지께서 잠시 지방에 출장을 간 사이 계약서에 도장을 찍어 버렸다.

첫 내 집을 마련하고 과연 행복했을까? 오히려 그 반대였다. 덜컥 계약을 하고 나니 그제서야 불안감이 밀려왔다. 왜 어른들이 반대했는지 돌아보게 됐다. 계약한 부동산에 가서 '잘 산 것 맞냐?'라는 어리석은 질문도 했다. 다행히 한두 달은 시세가 더 올랐고, 그렇게 한바탕 난리를 치르고 생애 첫 집을 장만했다.

2009년 드디어 지방파견을 마치고 내 집에 입주했다. 당장 이사 계획이 있는 게 아니라면 현재 살고 있는 집의 시세를 확인하는 사람은 그리 많지 않다. 나 역시 '내가 만족하고 살면 되지'라는 생각으로 집값에 관심을 끄고 살았다. 그러던 2012년 어느 날 TV에서 집값이 큰 폭으로 떨어져 힘들어 하는 사람이 많다는 뉴스가 들려왔다. 이사 오고 한 번도 가지 않던 부동산에 들어가 우리 집이 얼마쯤 하는지 물었고, 큰 충격을 받았다. 내가 산 가격보다 1억 가까이 떨어졌기 때문이다. 사고 나서 조금 오른 것을 생각하면 1억 5,000만 원가량 떨어진 셈이었다. 물론 남편한테는 말하지 못했고, 영원히 몰랐으면 하는 생각도 들었다. 내가 사고 싶다고 산 집이니 원망도 오롯이 내 몫이기 때문이다.

한 번 알게 된 집값을 모른 척 하기는 힘들었다. 틈틈이 부동산에 들락거리며 시세를 체크했고, 기다리면 오르지 않을까 하는 기대와 다르게 집값은 꿈적도 하지 않았다. 2015년쯤 서울 집값이 오르고 있다는 기사가 나오기 시작했고, 은근히 기대를 갖고 시세를 확인했지만 경기도까지 온기가 퍼지지는 않은 모양이었다. '안 팔면 손해도 아니지'라는 자조적인 위안을 하며 원금까지만 오르길 빌고 또 빌었다.

2016년 드디어 경기도에도 훈풍이 불기 시작했다. 더도 말고 덜도 말고 구매한 가격만 되면 당장 집을 팔겠노라 다짐했다. 그리고 그 다짐이 실현되는 날이 10년 만에 왔다. 12월 24일 크리스마스이브에 부동산에서 집을 보러 가도 되겠냐는 연락이 왔고, 흔쾌히 집을 보여 줬다. 물론 산 가격에 판다고 해서 손해가 아닌 건 아니다. 대출금 이자와 10년간의 기회비용을 생각하면 큰 손해지만 내가 잘 살았다는 사용가치로 상쇄하면 된다고 위안하며 처음 매수 의사를 밝힌 사람에게 집을 덜컥 넘겨주었다.

수지는 서울 상승의 풍선효과를 받아 집을 팔고 1년이 지난 2018년 초가 되서야 본격적으로 상승했다. 결국 상승세가 제대로 오기도 전에 성급하게 내린 결정이었다. 상승 추세라는 것이 이렇게 길게 간다는 걸 알 리 없었고, 풍선효과라는 단어조차 모르던 시절이었다.

부동산 공부를 시작하고서야 그 집을 매입한 2006년에 수지는 '버블세븐'이라고 일컬어질 만큼 엄청난 거품이 끼었던 동네였고, 그 절정이 바로 내가 집을 매수한 2006년 10월이라는 것도 알게 됐다. 반면 친정아버지께서 권한 서울의 나 홀로 신축 아파트는 '나 홀로'라는 말이 무색하게 집값이 올라 있었다. 흐름을 보는 눈도, 입지를 보는 눈도 없었음을 큰 손실을 통해 제대로 알게 된 것이다. 무주택자로서 상승장을 불안하게 지켜보다가 더 이상은 안 되겠다는 생각에 꼭지를 잡은 사람! 그 사람이 바로 나였다.

백화점에 가서 옷을 하나 사더라도 모든 매장에 방문해 가격을 비교하고, 그것도 모자라 인터넷으로 최저가를 검색해서 사는 것이 최선이라고 생각한 내가, '수억 원이 넘는 집을 사면서 아무것도 모르고 어리석은 결정을 했구나'라는 반성을 하게 됐다. 부동산 투자를 생각해 본 적도 없지만 평생을 살면서 내가 살 집을 사고파는 일을 최소한 몇 번은 할 텐데 그때마다 이렇게 어리석은 결정은 하지 말아야겠다는 생각이 들었다. 레비앙의 부동산 공부는 그렇게 시작됐다.

● 2006년 선택 ●

용인시 수지구 B아파트 국토부실거래가		(단위: 만 원)
2006.10	35,500	18층

● 2016년 결과 ●

용인시 수지구 B아파트 국토부실거래가		(단위: 만 원)
2016.12	35,000	18층

서울시 강동구 S아파트 국토부실거래가		(단위: 만 원)
2016. 08	42,800	8층

그래 결심했어!
부동산 책 70권만 읽어 보자!

부동산 공부를 해야겠다고 마음은 먹었지만 어떻게 시작해야 할지 막막했다. 주변에 부동산에 관심 있는 사람도, 부동산을 공부하는 사람도 없었다. 내가 첫 집을 사게 만든 장본인인 언니는 그때 산 집의 시세가 회복되지 않아 원치 않는 '하우스 푸어'가 됐다. 나는 겨우 원금이라도 받고 빠져나왔지만(?) 지금도 여전히 하우스 푸어인 언니가 있어 친정에서 부동산 얘기를 하는 것조차 편치 않았다. 그때 떠오른 것이 바로 '책'이다. '책 속에 길이 있다'는 말이 있듯이 '다른 사람의 경험에서 방법을 찾을 수 있지 않을까'라는 생각으로 책을 들었다. 빨리 많이 읽고 얼른 배우고 싶다는 의지가 차올랐다. 온라인 서점에 들어가 경제-부동산 분야에서 제일 상단에 있는 책을 주문했다. 책을 보면 어떻게 공부해야 할지, 무엇을 공부해야 할지 바로 알 수 있을 것 같은 기대에 부풀었다. 하지만 그 기대는 한 권을 채 읽기도 전에 산산이 깨졌다. 책을 읽는데 통 속도가 나지 않는 것이었다. 평소에 책이라도 좋아했으면 모르겠는데 판타지 소설만 재미로 겨우 읽는 수준이었기에 경제 서적을 읽는 게 쉬울 리가 없었다. 얼른 10권, 20권을 읽고 싶은데 한 권을 읽는데 오랜 시간이 걸리니 속상하고 조급한 마음이 들었다. '부알못(부동산알지못하는사람)'이니 모든 단어가 생소했고, 모든 문장이 이해되지 않았다. 조급한 마음에 모르는 건 대충 넘기고 다른 책을 읽었다. 문제는 책을 덮자마자 읽은 내용이 기억나지 않는다는 것이었다. 그나마 다행인 건 독서 방법의 문제점을 빨리 깨달았다는 점이다. 빨리 읽고 많이 읽는다고 해서 온전히 내 것이 되는 게 아님을 깨닫고 첫 책을 다시 읽기 시작했다. 새로 알게 된 내용을 적으면서 읽었다. 속도는 더욱 더뎠지만 그 과정에서 신기한 것을 느꼈다. 눈으로 대충 훑는 것과 적으면서 단어 하나하나를 새겨 읽는 것의 차이가 느껴졌고, 문구들이 점차 이해되기 시작했다!

 시간을 들여 꼼꼼히 책을 읽고, 기록을 쌓아 가자 더욱 신기한 일이 벌어졌다. 책을 읽고 정리하는 내용이 점점 짧아진다는 사실이었다. 당연히 한 권을 읽는데 걸리는 시간도 현저히 줄었다. 처음에는 배경지식이 없어 정리할 것이 많았다면, 지식이 쌓여가는 만큼 정리해야 할 내용이 줄어들었다. 지금은 2-3시간이면 한 권을 거뜬히 읽을 만큼 속도가 빨라졌다. 더욱 중요한 변화는 주위 사람들과 이야기를 하다 경제나 부동산 관련 분야가 나오면 책에서 읽은 내용을 바탕으로 한두 마디 말할 수 있게 됐다는 점이다. 그러면 사람들이 "너는 그런 걸 어떻게 알았어? 누구한테 배웠어?" 이런 반응을 보이기 시작했다. 책을 70여 권 정도 읽었을 때 나타난 반응이었다. 그제서야 깨달았다. 내가 쓸데없는 일을 하고 있는 게 아니라는 사실을, 시간과 노력을 들여 정리한 책의 내용들이 머릿속에 차곡차곡 쌓이고 있다는 사실을 말이다.

성공한 사람들의 공통점으로 '독서'를 꼽는다. 투자자들이 가장 만나고 싶어 하는 사람 중 한 명인 워런 버핏은 '읽기중독증' 환자였고, 발명왕 에디슨은 디트로이트 도서관의 책을 통째로 읽었다고 한다. 세계 1위 부자이며 코로나19 백신을 만드는 데 기여하고 있는 빌게이츠는 "독서 습관은 하버드 졸업장보다 더 소중하다"는 말을 남길 정도로 어릴 때부터 '책벌레'라는 별명이 있었다. 세계적인 부자들조차 강조한 '독서'의 중요성은 부동산 공부에도 똑같이 적용된다.

이제 막 부동산에 관심을 갖게 됐고, 무엇부터 시작해야 할지 모르겠다면 레비앙이 시작했던 것처럼 "부동산 책 70권만 읽자"라는 목표를 세워 보길 권한다. 처음에 100권을 목표로 시작했지만 70권에 이르렀을 때 잘하고 있다는 확신을 갖게 됐다. 빨리 배우고 싶다는 조급함은 내려놓고 차분하게 책 읽기를 시작해 보자. 책 한 권에는 생각보다 많은 내용이 담겨 있다. 저자는 책 한 권을 쓰기 위해 알고 있는 모든 것을 쏟아붓는다. 그 사람의 지식과 경험을 온전히 배울 수 있는 것이 바로 '책'이다.

레비앙의
책 읽는 법 & 정리법

부동산을 공부하기 위해 책을 읽기 시작한 이후 블로그에 서평으로 남긴 책이 400여 권에 이른다. 처음에는 책을 읽고 내용을 요약해 정리노트를 만드는 것부터 시작했다. 책을 읽고 내용을 이해하는 데 급급한 '부린이'에 불과했지만 읽은 책이 쌓여 갈수록 책 읽는 방법에도 변화가 생겼다. 무작정 받아들이기만 했던 책 읽기에서 비판적인 책 읽기가 가능해졌다. 무작정 정리하기 급급했던 책 읽기에서 중요한 것을 선별해서 정리할 수 있게 됐다. 교훈적인 이야기를 보면 대단하다고 생각만 했는데 '나도 그렇게 실천하고 있다'라고 말할 수 있게 됐다. 누군가의 가르침을 받기 위한 책 읽기에서 누군가에게 조언할 수 있는 단계로 성장했다. 이제는 저자와 독자 들이 책을 고를 때 도움을 받기 위해 '레비앙의 블로그'를 찾는다.

내가 이만큼 성장할 수 있던 독서 방법은 딱 두 가지이다. '정독' 그리고 '정리하며 읽기'이다. 책을 많이 읽는 게 무조건 좋다고 생각해 '속독'으로 권수만 늘리는 사람들이 있다. 나 역시 처음에는 그런 시행착오가 있었지만 속독과 다독으로 단기간에 많은 책을 읽은들 온전히 내 것이 되지 않는다는 걸 깨달았다. 나보다 훨씬 책을 많이 읽은 사람도 무엇을 읽었는지 기억나지 않는다고 하소연한다. 책을 읽었지만 그때만 감동을 느낄 뿐 아무런 성장도 성취도 이루지 못한 사람도 많다. 이쯤에서 자신의 독서 방법에 문제가 있는 건 아닌지 점검해 봐야 한다.

'정리하며 읽기'를 강조하면서 받았던 공통적인 질문들이 있다.

Q1: *"정리를 해야 한다는 강박관념에 꼼꼼하게 읽다 보니 시간도 오래 걸리고 책 읽기가 너무 힘들어요."*

레비앙 | 내가 추천하는 방법은 처음부터 정리하며 읽는 것이 아니다. 책을 한 번만 읽으려고 마음먹으니 '처음부터 정리를 하며 읽어야지'라는 부담감이 생기는 것이다. 나는 아주 형편없는 책이 아니라면 책을 한 번만 읽지 않는다. 처음에는 정리에 대한 강박관념을 내려놓고 정독하고, 기억하고 싶은 부분이 나오면 페이지 번호를 적어 두거나 스티커 등으로 표시하면서 읽는다. "나도 스티커를 붙이며 읽는데 뭐가 다른 거죠?"라고 한다면 중요한 차이점이 있다. 당신이 책을 다 읽고 '나중에 다시 찾아 읽어 봐야지' 하며 스티커를 붙인다면 나는 책을 읽지마지 스티커 붙인 부분을 정리한다는 점이다.

Q2: "정리를 공들여 하고 나면 그 노트를 다시 읽나요? 읽지도 않을 걸 힘들게 할 필요가 있을까요?"

레비앙 | 그렇다 그리고 아니다. 정리하는 과정에서 눈으로 한 번, 손으로 또 한 번, 책을 여러 번 읽게 된다. 정리하는 동안 같은 책을 2~3번 읽은 효과가 생긴다. 정리한 것을 다시 꺼내 읽지 않더라도 이미 내 머릿속에 많은 것이 남는다. 가끔은 정리노트를 다시 꺼내 읽어 보기도 한다. 300~400페이지가 넘는 책은 다시 볼 엄두가 나지 않는데 정리노트가 있으면 한결 부담이 덜어진다. 두꺼운 책일수록, 다시 보고 싶은 책일수록 더욱 정성들여 정리한다. 매주, 매달 새로운 책이 끊임없이 출간된다. 신간을 읽기도 버거운데 이미 책장에 꽂힌 책을 다시 꺼내 읽을 정도로 시간과 마음의 여유가 있는 사람은 그리 많지 않다. 시간을 들여 정리한 정리노트는 오히려 바쁜 당신의 시간을 아껴 줄 것이다.

Q3: "정리를 하려고 보니 모르는 게 많아서 거의 필사하는 수준이에요. 쉬운 방법이 없을까요?"

레비앙 | 처음에는 부동산 지식이 부족해 모든 게 새로워 보이기 마련이다. 나 역시 그런 시기가 있었다. 하지만 꾹 참고 몇 권만 정리해 보자. 어느 순간 정리할 내용이 확연히 줄어드는 마법을 경험하게 될 것이다.

Q4: "책 한 권을 읽는데 너무 시간이 오래 걸려요. 레비앙님은 어떻게 그렇게 빨리 책을 읽을 수 있나요? 빨리 많은 책을 읽고 싶은데 방법이 있으면 좀 알려주세요."

레비앙 | 나도 야심차게 100권이라는 책 읽기 목표를 세우고, 속도가 붙지 않아 좌절했던 경험이 있다. 한 달 동안 겨우 3권을 읽고 언제 다 읽나 한숨을 쉬기도 했다. 지금은? 한 달에 평균 9-10권을 읽는다. 그렇다고 한 달 내내 책만 읽는 것도 아니다. 사람의 뇌는 바뀐다고 한다. 책을 많이 읽으면 '책 읽는 뇌'로 바뀔 수 있다. 내가 바로 그런 경험을 한 사람이다. 한 달에 2-3권을 겨우 읽던 내가 지금은 한 권을 2-3시간이면 읽는다. 한 시간에 평균 150페이지를 읽을 정도로 책 읽기에 단련돼 있음을 느낀다. 책 읽기가 힘든 사람들에게 책 읽는 뇌가 될 때까지 조금만 노력해 보길 권한다.

Q5: 출간한 지 오래된 책도 도움이 될까요? 현재 상황에 적용하기에는 무리가 있으니 최근 도서만 읽어도 되지 않을까요?

레비앙 | 부동산이든 주식이든 투자자에게 바이블처럼 읽히는 책들은 오래된 책이 많다. 상승과 하락을 반복하며 우상향하는 부동산의 기본 원리는 예나 지금이나 변함없이 적용된다. 투자에 앞서 갖춰야 할 부자마인드는 시대가 변했다고 해서 크게 달라지는 건 없다. 과거를 알아야 현재를 이해할 수 있다. 물론 부동산 시장의 흐름에 빠르게 대처하기 위해 최근 발간된 책도 열심히 읽어야 한다. 세금제도는 수시로 바뀌기 때문에 개정판도 꾸준히 읽어야 한다. 그럼에도 불구하고 먼저 경험한 사람들의 지혜가 담긴 책들을 오래됐다는 이유로 멀리해서는 안 된다.

Q6: "정리하는 도구로 블로그, 에버노트, 노트필기 어떤 방법이 가장 좋을까요?"

레비앙 │ 우리 뇌는 손글씨를 쓸 때 가장 많은 자극을 받는다는 연구 결과가 있다. '디지털 시대에 너무 뒤떨어지는 발상 아니냐'고 하는 사람도 있을 것이다. 아무리 스마트한 기기가 발달해도 내 몸이, 내 생각이 따라 주지 않으면 아무 소용없다. 스마트한 기기들이 일하는 시간은 줄여 줄지언정 머릿속에 저장되는 지식의 양을 늘려 주지는 못한다. 그것을 받아들여 내 것으로 만드는 건 분명 시간과 노력이 필요하다. 노트에 손글씨로 적든, 블로그나 에버노트에 적든 방법은 크게 상관없다. 꾸준히 할 수 있는 게 가장 좋은 방법이다. 아무리 효과적인 방법도 안 하면 아무 소용없기 때문이다. 다만 전자책을 읽고 밑줄 긋기 기능을 활용해 줄을 긋거나, 캡처해서 보관하는 방식의 정리 방법은 권하지 않는다. 간편하고 쉬운 방법이지만 그렇게 모은 자료는 다시 보지 않을 확률이 크다. 쉽고 편한 방법일수록 쉽게 잊혀진다는 사실을 잊지 말자. 학창시절을 돌이켜 보면 같은 수업을 듣고 노트필기를 했는데 누가 봐도 일목요연하게 정리한 친구가 있다. 이 친구의 노트는 일명 족보로 통한다. 반면에 천성적으로 정리를 잘 못하는 사람도 있다. 이런 사람들은 정리하는 요령도 배워야 한다. 남들에게 보여 줄 정도까지는 아니더라도 내가 정리한 것을 다시 봤을 때 무슨 말인지 알아볼 수 없다면 문제가 있지 않은가.

일반적으로 활용되는 쉬운 정리법을 몇 가지 소개한다.

첫째, 개조식으로 정리한다.

줄글이 아니라 1, 2, 3과 같이 번호를 매겨서 정리하는 방법을 말한다. 최대한 책의 내용을 옮겨 적되 1, 2, 3으로 생각을 짧게 구분해서 정리한다.

● 개조식 정리법 ●

〈투자의 때를 알려주는 신호들〉
1. 부동산 불황기가 3년 이상 지났다.
2. 미분양 물량이 사상 최대로 증가한다.
3. 분양 물량이 역대 최저가 된다.
4. 경매 낙찰가율이 사상 최저 수준이 된다.
5. 전세가율이 사상 최고치에 근접한다.
6. 폐업하는 중개업소가 속출한다.
7. 정부의 부동산 활성화 대책이 등장한다.

출처: 《부동산 투자의 정석》

둘째, 표를 적극 활용한다.

엑셀을 잘 다루지 못하더라도 한글에서 표 만들기 기능 하나면 충분하다. 표는 시각적으로 매우 효과적인 정리법이다. 예를 들어 각 지역의 호재, 교통 등을 나열하는 내용이라면 표를 만들어 위에는 지역명을 쓰고 아래는 호재, 교통을 채워 넣는다. 한 장의 표로 한눈에 개요를 파악할 수 있다.

● 표를 활용한 정리법 ●

	서울 송파구	경기도 성남시	경기도 용인시
호재	잠실 마이스	제2, 제3 테크노밸리로 일자리 증가	용인 플랫폼시티
교통	위례신사선	GTX A노선 성남역, 성남 1, 2호선, 8호선 연장 등	GTX A노선 용인역

셋째, 구분과 분류를 잘할 수 있어야 한다.

구분은 항목을 잘 나누는 것, 분류는 비슷한 것끼리 모으는 것이다. 책에 쓰인 순서대로 정리해야 한다는 강박관념에서 벗어나야 한다. 앞쪽에 언급한 지역을 뒤쪽에서 다시 언급한다면 앞에 정리한 노트로 돌아가 아래에 채워 넣는다.

● 구분과 분류 정리법 ●

서북권 – 상암의 일자리, 신촌의 대학테마, 연신내 불광의 교통망이 강점 마포구 서대문구 은평구		
마포구	서북권의 대장 상암DMC 공덕역 주변 많은 일자리 + 교통망 우수 한강변 주변 개발이 기대되는 지역	
서대문구	마포구 종로구 중구의 베드타운 역할 구도심 지역으로 현재 뉴타운 진행 중	
은평구	전형적인 중저가 베드타운 지역 연신내 불광 지역에 인구밀도 높고, 신사 응암 지역에 다세대 빌라가 많음 신도시인 은평뉴타운은 거주 편의성이 지속적으로 좋아지고 있음 앞으로 주목할 지역은 수색증산뉴타운	
1개 광역 중심지	**상암 수색**	상암동은 업무 지역으로 수색동은 베드타운으로 시너지 효과 일자리 증가 – 상암DMC 철도용지 복합개발 교통망 확충 – 디지털미디어시티역 6개 노선 통과 주거 환경 개선– 수색증산뉴타운 주거 신도시로 탈바꿈 중

3개 지역 중심지	**신촌**	마포구에서 가장 활성화 된 상권이었음 대학가를 청년창업의 메카로 키우고 싶은 지자체의 의지가 있음
	마포 공덕	마포구에서 가장 교통이 편하고 직장이 많은 곳 특히 공덕역은 4개 노선 통과 공덕역 중심으로 재개발이 진행되고 있어서 업무지구뿐 아니라 마포구 내 새로운 대형 주거지역으로 수요층이 급증하고 있음
	연신내 불광	3호선라인으로 종로구 중구 강남권 출퇴근층의 집단 거주지 3호선라인인 불광 연신내가 6호선라인 응암 신사 수색보다 시세가 높게 형성됨 –강남 접근성이 주 이유 은평구 내에서 가장 상권이 좋은 곳 앞으로 신분당선과 GTX 개발 예정

출처: 《서울 부동산의 미래》

넷째, 계산식이 나오면 반드시 계산해 본다.

'부동산 공부를 하는데 수학 공부를 하고 있나'라는 생각이 드는 경우가 있다. 세금 계산이나 재개발 권리분석이 그렇다. 세금 관련 책을 읽으면 실제 갖고 있는 부동산이나 주위 사람들의 물건을 예시로 넣어서 계산해 본다. 내가 사고 싶은 아파트의 매매가, 전세가, 공시지가 등을 적용해 보면 의미 없는 물건에 적용하는 것보다 훨씬 흥미롭게 느껴진다.

보유대지지분 20평 / 기부채납비율 15% / 희망 평형 34평형 계약면적 55평 / 평당공사비 450만 원 필요대지지분(용적률 265%일 때) 12.5평 / 일반분양예상가 8억	
① 조합원건축원가 3억 2,917만 원	34평 순수건축비 = 평당공사비 × 계약면적 　　　　　　　 = 450만 원 × 55평 　　　　　　　 = 2억 4,750만 원
	기타사업비 = 34평 순수건축비 × 33% 　　　　　 = 2억 4,750만 원 × 0.33 　　　　　 = 8,167만 원
	34평 조합원건축원가 = 순수건축비 + 기타사업비 　　　　　　　　　　 = 2억 4,750만 원 + 8,167만 원 　　　　　　　　　　 = 3억 2,917만 원
② 일반분양기여 대지지분 4.5평	보유대지지분 - 기부채납 - 조합원필요대지지분 = 20평 - 3 - 12.5 = 4.5평
③ 일반분양기여금액 1억 9,890만 원	일반분양수익 = 일반분양가 - 순수건축비 　　　　　　 = 8억 원 - 2억 4,750만 원 　　　　　　 = 5억 5,250만 원
	대지지분 1평당 일반분양수익 = 일반분양수익 ÷ 필요대지지분 = 5억 5,250만 원 ÷ 12.5평 = 4,420만 원
	대지지분 1평당 일반분양수익 × 일반분양기여대지지분 = 4,420만 원 × 4.5평 = 1억 9,890만 원
④ 분담금	34평조합원건축원가 - 일반분양기여금액 = 3억 2,917만 원 - 1억 9,890만 원 = 1억 3,027만 원
투자전략	매입가격 6억 / 분담금 1억 3,000만 원 / 분양예상가 8억 투자수익 = 8억 - 7억 3,000만 원 = 7,000만 원

출처: 《돈되는 재건축 재개발》

다섯째, 그래프가 나오면 따라 그려 본다.

아래 그림은 부동산 투자 사이클을 설명할 때 흔히 사용하는 그래프로 많은 책에서 저자들이 이를 활용해 자기만의 사이클을 설명한다. 형태는 같지만 해석은 조금씩 다르다. 이 그림 샘플을 그려 두고 사이클 설명이 나올 때마다 샘플을 불러와 내용을 채워 넣는다. 여러 저자들이 설명하는 것을 비교해 공통점과 차이점을 찾아보는 재미도 있다.

• 부동산 투자 사이클 그래프 비교하기 •

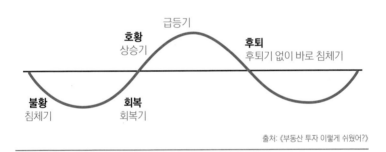

호황
상승기

급등기

후퇴
후퇴기 없이 바로 침체기

불황
침체기

회복
회복기

출처: 《부동산 투자 이렇게 쉬웠어?》

여섯째, 문답식의 글이라면 정리도 Q&A 방식으로 질문과 답을 간결하게 정리한다.

책 전체가 문답식으로 되어 있는 경우도 있고 중간에 나오는 경우도 있다. 더 좋은 방법은 질문에 대한 나의 대답을 먼저 써 보고 저자의 대답과 비교해 보는 방식이다. 만약 생각이 다르다면 저자는 어떤 식으로 이유를 설명하고 있는지 살펴본다. 저자의 의견을 보고 내 의견을 수정할 수도 있고, 수정하지 않을 수도 있다. 책을 썼다고 해서 다 전문가는 아니다. 저자의 의견에 맞춰 내 의견을 모두 수정할 필요는 없다. 다양한 의견을 들으며 자신만의 확고한 기준을 만들어 나가는 것이 책을 읽는 이유이다.

일곱째, 꼭 기억하고 싶은 자료가 있다면 사진을 찍거나 스캔해서 정리노트에 첨부한다.

잠시 휴대전화 갤러리를 열어서 그동안 캡처한 사진들을 살펴보자. '언젠가 도움이 되겠지' 하며 캡처한 사진들로 갤러리가 가득 차 있을 것이다. 왜 캡처했는지 기억조차 나지 않는 사진도 있다. 나중에 후회할까 봐 삭제 버튼을 누르기도 망설여진다. 이렇게 모아 놓은 사진들은 '언젠가는 입겠지' 하며 사 놓고 유행이 지나 입지 못하는 옷과 같다. 꼭 필요한 사진이었다면 그 이유와 함께 바로 정리해야 한다. 블로그나 에버노트는 이런 때에 유용하게 활용할 수 있다.

2장

부동산 기초

: 마인드부터 바꿔라

돈에 대한 생각을 바꿔라
– 예금 vs 레버리지

부동산 공부를 시작하기 전까지는 마이너스통장이란 걸 모르고 살았다. 마이너스통장을 쓴다는 말을 들으면 낭비가 심하고 절제도 못하는, 경제관념이 없는 사람이라고 속으로 흉을 보기도 했다. 하지만 이제는 마이너스통장을 레버리지로 활용한다는 사람을 보면 조금 다르게 보인다.

우리는 흔히 셈이 빠른 사람들을 '약았다'라고 하거나, 돈에 관심이 많은 사람을 '돈을 밝힌다'라고 표현한다. '돈을' 중요하게 생각하는 사람을 '돈만' 관심 있는 사람으로 치부하기도 한다. 상업을 낮게 여기고 학문을 중시하는 유교사상이 뿌리내리면서부터 이런 고정관념이 생긴 게 아닌가 싶다. 그러다 보니 12년간 공교육을 받고 졸업해도 제대로 된 경제교육을 받았다고 느끼는 사람이 드물다. 오히려 사회에 나와 돈을 벌기 시작하면서 경제 공부를 하기 시작했다는 말을 많이 듣는다. 심지어 40-50대임에도 제대로 된 경제관념을 갖고 있지 않은 사람들을 자주 본다.

돈만 밝혀서는 안 되겠지만 돈을 제대로 아는 것은 중요하다. 돈이 행복의 필수 요소는 아니지만 돈이 없으면 불편한 것은 사실이다. 절약부터 시작해 자산을 늘리는 경제활동까지 모든 것의 기본은 고정관념을 바꾸는 것부터 시작된다. 그런 점에서 《보도 섀퍼의 돈》을 읽어 보길 권한다. 놀랄 만한 이야기도 아닌데 책을 보고 충격을 받았다는 후기를 많이 본다. 그만큼 자신이 돈에 관해 잘 알지 못하고 편견에 사로 잡혀 있었다는 뜻이다. '돈'에 대해 가졌던 생각이 책을 읽은 후 어떻게 달라졌는지 스스로 느껴 보길 바란다.

레비앙의 한 줄 Pick

돈이 인생의 전부가 아닌 것 또한 분명하다. 그러나 돈 문제라는 먹구름이 인생에 끼여 있는 한, 당신은 결코 행복할 수 없다. 돈은 인생의 여러 문제들을 좀 더 잘 다스릴 수 있는 기반이 된다. 단지 돈 때문에 스스로 원하지도 않는 일을 해야 하는 상황을 만들지 마라. 경제적 자유란 그래서 필요한 것이다.

《보도 섀퍼의 돈》 중에서

편견을 극복하라
─ 내 생각이 틀릴 수 있다는 것을
깨달아야 한다

어느 누구도 돈을 잃고 싶은 사람은 없다. 돈이 저절로 불어나거나 힘 안들이고 돈을 많이 벌 수 있으면 좋겠다는 생각도 든다. 하지만 욕심으로 인해 생각이 굳어지고, 나쁜 편견에 사로잡히게 되면 생각을 바꾸기란 매우 어렵다. 잘못된 편견으로 인해 우리는 더 많은 것을 얻을 기회를 종종 놓치곤 한다.

부동산 책을 읽다 보면 자연스레 경제와 관련된 책을 접한다. 특히 주식 분야 책에서 투자 멘토들의 격언을 많이 볼 수 있다. 워런 버핏, 존 템플턴과 같은 투자자들의 격언은 중요한 순간 잘

못된 판단을 하지 않는 길잡이가 된다. 부동산 분야가 아니라고 외면하지 말고 기회가 될 때마다 읽기를 추천한다. 많은 조언들 중에서 제일 많이 언급되는 것이 '심리적인 편견'이다. 공부를 잘해서 자기 분야에 성공한 사람일수록 자기 자만에 빠지기 쉽다. 성공이라는 강화를 통해 자신의 생각이 맞다고 확신한다. 훌륭한 의술을 가졌다고 해서 부동산 투자도 잘하는 것은 아니다. 부동산중개사라고 해서 모두 투자를 잘하는 것도 아니다. 매수자와 매도자를 연결하는 중개 부분에서는 최고라고 인정받아도 정작 본인의 투자는 못하는 사람도 있다. 일부 직업을 깎아내리려는 의도는 아니다. 자신의 전문 분야가 아니라면 모르는 건 인정하고 공부해야 한다는 것을 강조하고자 함이다. 공부를 열심히 하고도 막상 투자를 결정할 시기가 오면 결정장애가 온다. 머리로는 이해가 돼도 심리적인 장벽 앞에 무너지는 경우도 있다. 이런 장벽을 넘을 수 있느냐 없느냐 역시 그것이 장벽인지 아닌지 아는 데에서 시작한다. 공부하지 않은 사람은 장벽을 뛰어넘지 못하고 좌절하고 포기한다.

내가 투자한 것은 항상 오를 거라는 '낙관주의 편견', 손해 난 것을 팔면 손실이 확정되는 게 두려워 팔지 못하는 '손실기피 편향', 남을 비교하고 의식하느라 자신의 경제적인 상황을 넘어서는 '보여주기식 소비'를 하는 사람들에게 《부의 본능》을 읽어 보길 권한다.

"나, 당신, 우리 모두 재테크에 실패하기 딱 알맞도록 타고났다"는 말이 큰 위안이 된다. "배운다면 누구나 부자가 될 수 있다"는 말은 용기를 준다. 제대로 공부해서 자기만의 기준을 확실하게 세울 수 있어야 한다. 군중 심리에 이끌리지 않겠다고 다짐하지만 남들과 반대로 행동할 수 있는 사람은 많지 않다. 남들과 반대로 갈 수 있는 용기도 자기만의 기준이 있어야 가능하다. 어떠한 환경에서도 흔들리는 않는 기준을 가질 수 있도록 조금 귀찮고 더디더라도 정도를 택해 공부해야 한다.

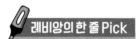
레비앙의 한 줄 Pick

대다수의 사람들은 돈복이 없는 근본적인 이유를 지식이나 운 같은 외부 요인으로 돌린다. 그런데 내가 보기에 돈복 없는 이유는 바로 우리 내면에 깊이 뿌리내리고 있는 본능, 심리 그리고 인식 결함 때문이다. 우리 모두는 불행히도 재테크에 실패하기에 딱 알맞도록 타고났다. 우리 내면에 있는 장애물을 제거하고 극복하는 방법을 배운다면 누구나 부자가 될 수 있다.

《부의 본능》 중에서

멘토를 만들고 따라 하라
– 레비앙 따라 하기

부유한 부모를 만나 많은 재산을 상속받았다고 해서 죽을 때까지 돈 걱정 없이 살 수 있을까? 부모로부터 거액을 상속받았지만 그 재산을 지키지 못했다는 사연을 종종 듣곤 한다. 로또에 당첨된 사람들이 오히려 빈털터리가 됐다는 사례도 많다. '쉽게 들어온 돈은 쉽게 나간다'는 옛 어른들의 말이 공감되는 부분이다. 도대체 돈을 지키지 못하는 이유가 무엇일까? 부모로부터 재산은 받았지만 지키는 방법, 더 나아가 불리는 방법은 물려받지 못해서일까? '부자가 되고 싶다면 부자를 따라 하라'라는 말이 있다. 진짜 부자들은 가진 것을 지키고 불리기 위해 더 공부하고 노력한다. 책에서 만난 부자들 역시 모두 그랬다.

　목표를 세우면 그것을 성취한 사람들을 찾아보게 된다. 그들의 경험담을 통해 내가 해야 할 일을 계획하고, 나도 할 수 있다는 자신감을 채운다. 그들이 살아가는 모습을 통해 내가 성공했을 때의 모습을 꿈꾸게 된다. 그런 사람을 우리는 '멘토'라고 부른다.
　멘토라고 해서 뉴스에 오르내리는, 이름만 대면 모든 사람이 아는 사람일 필요는 없다. 오히려 그런 사람일수록 나와는 거리가 멀게 느껴져, 다른 세계의 이야기라고 치부하며 좌절할 수도 있다. 나와 같은 목표를 가진 동료나, 겨우 한 발 앞서간 선배가 멘토가 될 수도 있고, 나보다 늦게 출발한 후배여도 상관없다. 나보다 더 노력하는 후배, 배울 점이 있는 나의 동료, 한 발 앞서서 길을 안내해 주는 선배가 있다면 당신은 성공의 길 한가운데를 가고 있는 것이다.
　하지만 이런 후배, 동료, 선배를 만나는 것은 쉬운 일이 아니다. 나에게 멘토나 함께 공부할 수 있는 동료를 찾고 싶다고 하소연하는 사람들이 많다. 어떤 사람은 여러 블로그를 보며 멘토로 삼을 만한 사람을 찾는다. 어떤 사람은 유명한 강사의 강의장을 찾아가기도 한다. 스스로 동료를 모으거나 독불장군처럼 혼자서 길을 개척하는 사람도 있다. 당신은 어떤 방법으로 동료나 멘토를 찾고 있는가?

내 주변엔 멘토가 없다고, 전부 평범한 사람이라고 실망할 필요는 없다. 가장 쉬운 방법이 가까이에 있으니까! 나에게 멘토를 찾는 가장 좋은 방법을 묻는다면 '책'이라고 자신 있게 답한다. 책은 나에게 피와 살이 되는 조언을 해 줄 멘토를 만날 수 있는 가장 쉬운 방법이다. 바로 당신이 들고 있는 그 책에서 말이다.

아직까지 멘토를 만나지 못했다면 당신의 목표에 가장 근접한 사람을 찾아 그 사람이 하는 대로 따라 해 보자. 누구를 따라 해야 할지 모르겠다면 내가 안내하는 대로 70권의 책 읽기를 시작해 보자. 스스로 실력을 쌓아 가다 보면 정말 따라 하고 싶은 사람이 보일 것이다. 그 사람을 멘토로 삼으면 된다. 멘토의 삶을 따라 가다 보면 당신을 멘토로 여기는 사람이 생길 수도 있다. 지금은 상상도 할 수 없는 그런 날이 언젠가는 현실이 될 수 있다. 단, 당신이 목표를 잃지 않고 꾸준히 나아간다면 말이다.

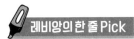

레비앙의 한 줄 Pick

고수는 어떤 일을 하느냐가 아니라 그 일을 얼마나 비범하게 하느냐로 평가할 수 있다. 고수들도 처음에는 하수였다. 그 사실이 내게 용기를 주었다. 여러분들도 언젠가는 고수가 될 수 있다.

《일생에 한 번은 고수를 만나라》 중에서

만나는 사람을 바꿔라
– 이런 사람들과 가까이 지내자

인간은 주변 환경으로부터 배운다고 한다. 함께 시간을 보내며 서로의 습관과 사고방식을 배우게 되는 것이다. 쇼핑에 관심이 생기면 같이 쇼핑하러 갈 사람과 가깝게 지내게 되고, 먹는 것에 관심이 생기면 같이 먹으러 갈 사람을 친구로 만든다. 책에 관심이 생기면 같이 책 읽을 사람을 찾게 된다. 내 주변에는 과연 무엇에 관심 있는 사람들이 많은지 둘러보자. 그것이 내가 최근에 가장 집중한 분야이다. 그것이 쇼핑인가? 맛집인가? 아니면 경제 공부인가?

내가 하는 일, 하려는 일, 관심사를 바꾸면 가장 먼저 고민되는 것이 기존에 만나던 사람들과의 관계이다. 나와 친구들이 모두 싱글이었을 때는 밤새 얘기해도 싫증 나지 않았지만, 한두 명 결혼을 하고 나면 자연스레 모임이 뜸해진다. 싱글인 사람은 시월드와, 육아 이야기에 공감하지 못하고 모임에 더 이상 재미를 느끼지 못하기 때문이다. 자녀가 학교에 들어가면 엄마들은 브런치 모임에 열중한다. 아이에게 친구를 만들어 준다는 이유로 모임에 꼬박꼬박 참석한다. 하지만 시간이 지나면 매일 똑같은 얘기를 주고받고 있음을 느끼게 된다. 시간 낭비 같은 생각도 들지만 습관적인 약속과 그간의 정 때문에 쉽게 끊지도 못한다.

새로운 것을 시작한다고 해서 기존 인연을 모두 끊을 필요는 없지만 내가 더 집중하고 싶은 일이 생겼다면 결단력이 필요하다. 내가 시작하려는 일에 격려보다 시기 어린 눈빛을, 응원보다 비관적인 얘기만 하는 사람이라면 잠시 거리를 둬도 괜찮다. 그리고 지금부터는 이런 사람들과 가까이 지내보면 어떨까?

하나, 긍정적인 마인드를 지닌 사람

가까운 사이일수록 어려운 일을 의논하고 싶고 위로받고 싶은 마음이 든다. 하지만 만날 때마다 자신에게 힘든 얘기만 하는 사람, 불평불만을 늘어놓는 사람, 뭐든지 잘 안 될 거라고 비관하는 사람, 남이 가진 것을 시기 질투하는 사람이 있다면 만남을 피하고 싶기 마련이다. 반면 긍정적인 사람을 만나면 보고만 있어도 기운이 난다. 안 될 것 같은 일도 한번 해 보라고 응원해 주는 사람, 긍정적인 에너지를 전하는 사람과 함께하면 나도 뭔가 할 수 있겠다는 자신감이 생긴다. 과연 어떤 사람과의 만남을 더 자주 하는 것이 좋을까? 정답은 당신도 이미 알고 있다.

둘, 부지런한 사람

24시간을 36시간처럼 쓰는 사람들과 가까이 지내보자. 자신이 24시간을 12시간처럼 쓰고 있음을 느끼게 될 것이다. 그리고 그들을 따라 해 본다. 36시간은 아니더라도 24시간을 24시간답게 써야 겨우 뒤처지지 않을 뿐이다.

셋, 추진력이 강한 사람

내가 의지력이 부족하다면 더더욱 추진력이 강한 사람을 가까이 둬야 한다. 어떤 사람들은 추진력이 강한 사람을 부담스럽고 힘들다고도 한다. 그렇다고 해서 나와 비슷하게 의지력 없는 사람들만 주위에 있음 어떻게 될까? 발전이라고는 상상하기 힘들어진다.

넷, 자존감이 높은 사람

자존감이 낮은 사람은 거절당하는 것을 두려워하고, 새로운 일에 도전하는 걸 힘들어 한다.

"부동산에 들어가서 무엇을 말해야 할지 모르겠어요."

"깎아 달라는 말이 입에서 안 나와요."

용기가 없어서 말을 못하는 사람도 있지만 자존감이 낮아서 못하는 경우가 많다. 상대방이 친절하지 않거나 깎아 주지 않는다고 해서 자신을 얕보는 것이 결코 아님에도 자존감이 낮으면 상대가 나를 얕봐서 그런 거라고 오해하고 상처받는다. 반면에 자존감이 높은 사람은 '친절하지 않은 부동산은 다시 안 가면 되지'라고 생각한다. '깎아 주면 고맙고, 아니면 사려던 가격으로 사면 되지' 하고 쿨하게 넘기면 된다. 안 된다는 말은 부탁을 들어줄 수 없다는 거지, 나를 얕보는 것이 결코 아니기 때문이다. 일례로 '기생충'으로 오스카 4개 부문 수상이라는 대기록을 작성한 봉준호 감독은 가훈 역시 그다운 면모가 드러난다. 바로 '아니면 말고!'이다. 그런 마음가짐이 실패를 두려워하지 않고 도전을 이끈 게 아닌가 싶다. 당신도 '아니면 말지!'라는 생각으로 도전을 두려워하지 않길 바란다.

다섯, 상대방을 배려하는 사람

'내가 자주 주문하는 커피 메뉴를 기억해 주는 사람'

'배고플 시간에 만나면 가방에서 달달한 간식이 나오는 사람'

'비싼 것은 아니어도 나한테 꼭 필요한 것을 선물하는 사람'

이런 사람이 내 주위에 있다는 생각만 해도 기분이 좋아진다.

배려가 익숙한 사람들이 한결같이 하는 말이 있다.

"다른 사람들이 기뻐하는 모습을 보는 게 제 기쁨이에요."

기왕이면 배려를 받는 사람보다 배려를 통해 상대방에게 기쁨을 주는 사람이 되면 어떨까?

'긍정적인 마인드로 세상을 보고, 부지런히 추진하며, 자존감이 높고 상대를 배려하는 사람' 그런 사람들을 주변에 많이 만들기 위해서는 내가 먼저 그런 사람이 되어야 한다.

그럼에도 불구하고
– 24시간을 36시간처럼

월급을 받아 꼬박꼬박 저금해 봤자 원하는 부를 이루지 못한다는 불안감은 누구나 있다. 월급의 절반을 저금한다고 해도 서울에 집을 사는 데 20년은 걸린다는 뉴스를 보면 좌절감이 든다. 주변에서 부동산이나 주식을 투자해 돈을 벌었다는 얘기를 들으면 나도 해 보고 싶다는 생각은 하지만 나에게는 당장 시작하지 못할 이유가 100가지쯤은 있다.

"아이가 어려서 공부할 시간이 없어요."

"직장 다녀서 주말엔 피곤하고 집안일도 많아서 아무것도 할 수가 없어요."

"오늘은 아이 친구 생일파티가 있어서 꼭 가야 해요."

"직장에서 중요한 업무를 하고 있어서 도저히 다른 것을 할 여유가 없어요."

직장에 다니면서 새로운 것을 공부하는 건 불가능할까? 아이가 크기 전까지 공부할 시간을 내는 게 절대 불가능한 일일까? 직장도 육아도 잘하면서 공부도 하는 사람은 상상 속에나 있는 사람일까?

내가 부동산 공부를 하면서 만난 사람들은 '그럼에도 불구하고' 시작한 사람들이었다. 3개월 갓난아이를 아빠에게 맡기고 온 엄마, 오전에 지방 출장을 갔다가 방금 KTX에서 내려 달려온 워킹맘, 챙겨야 할 아이가 넷이나 있는 주부, 이제 막 사회에 첫발을 디딘 20대까지 당장 시작하지 못할 100가지쯤 되는 핑계를 극복하고, 내가 원하는 것을 이루기 위해 '시간'을 만들어 낸 사람들이었다.

바쁘다는 핑계로 스스로를 위안하는 동안 당신은 그 자리에 계속 머물게 된다. 핑계를 극복하고 시작한 사람들은 한 단계 한 단계 위로 올라가고 있을 그 순간에 말이다. 누군가는 올라가고 있을 때 나는 계속 그 자리라면 결과는 점점 뒤처지고 있다는 뜻이다. 누구나 하지 못할 사정이 있지만 '그럼에도 불구하고' 우리는 목표를 향해 달려 나가야 한다. 잠깐의 평계가 나중에 큰 후회로 남기 때문이다.

부동산 공부를 시작하고 가장 많이 듣는 질문이 있다.

"하루에 몇 시간 주무세요? 잠이 없는 분 아니에요?"

"직장을 다니신다고요? 아이 학교 보내고 우아하게 책이나 읽는 분인 줄 알았는데 충격이네요."

"직장을 다니면서 언제 책을 읽고, 블로그에 리뷰를 쓰고, 부동산 공부를 하시나요?"

하루 24시간은 누구에게나 똑같이 주어진다. 하지만 나보다 더 많은 일을 하는 사람도 분명 있다. 그 사람들은 도대체 어떻게 24시간을 36시간처럼 쓰는 걸까?

첫째, 수면 시간을 줄여야 한다.

시간을 가장 많이 확보할 수 있는 방법은 잠을 줄이는 것밖에 없다. "잠은 포기 못하는데 다른 방법은 없나요?" 내 대답은 늘 같다. "네, 없습니다!"

나는 부동산 공부를 처음 시작했을 무렵 하루에 4-5시간밖에 자지 않았다. 누워 있으면 해야 할 것이 생각나서 저절로 '이불킥'이 됐다. 새벽 5시가 되기도 전에 눈이 번쩍 떠졌고, 당장 읽고 싶은 책 생각에 자는 시간이 아깝다는 생각이 들었다. 수면 시간을 줄이려는 노력도 해야 하지만 더 중요한 것은 '목표 세우기'이다. 내가 간절히 원하는 목표가 생기면 자는 시간이 아깝다는 생각이 들고, 자다가도 눈이 번쩍 떠지는 경험을 하게 된다. 아직도 일어날까 말까 고민하는 시간이 길다면 그만큼 간절하지 않은 것이다.

그렇다고 해서 총 수면 시간이 중요하지 않은 건 아니다. 수면 시간을 줄이기 위해서는 수면의 질을 높여야 한다. 숙면을 통해 짧은 시간 동안 충분한 수면을 해야 능률이 오른다. 숙면하는 방법은 당연히 규칙적인 생활이다. 과음이나 늦게까지 이어지는 모임은 숙면에 큰 장해물이다. 불필요한 모임을 줄이고, 규칙적인 생활 습관을 만들면 하루 24시간을 36시간처럼 활용할 수 있다.

둘째, 일의 효율을 높여야 한다.

블로그 이웃 중에는 내가 직장이 없을 거라고 생각한 사람들이 많았다. 아이를 학교에 보낸 후 우아하게 책을 읽고, 리뷰 남기고, 집도 보러 갈 거라고 상상했나 보다. 내가 워킹맘이라는 것을 알고 깜짝 놀랐다는 사람이 많았고, 그래서 스스로를 더 반성하게 됐다고 한다.

나 역시 부동산 공부를 시작하기 전까지 직장일과 집안일로 하루하루 허덕이는 삶을 살았다. 새로운 공부를 시작하면서부터 '내가 이렇게 시간을 허투루 보내고 있었나?' 반성하게 됐다. 직장과 집을 오가며 다른 것은 할 시간도, 체력도 없다고 생각했는데 돌아보니 무의미하게 보낸 시간들이 많았다. 직장에서 끝내고 와도 될 일을 집까지 들고 오기도 했고, 아이 친구 엄마들과 끊임없이 약속을 잡아 같은 이야기를 떠들었고, 가끔 책을 읽어도 판타지 소설만 편식하곤 했기 때문이다. 하지만 무엇인가 공부해야겠다는 목표가 생기자 '시간'이 소중해졌다. 내가 하고 싶어서 시작한 공부니까 직장일과 집안일을 다하고도 공부할 수 있는 시간이 필요했다. 그렇다면 똑같은 24시간인데 예전에 안 하던 일까지 할 수 있는 시간을 어떻게 만들었을까? 기존에 해 왔던 일을 최대한 효율적으로 처리했기 때문이다. 근무 시간 내에 해결이 안 돼 집에 들고 오거나 며칠씩 고민하던 일도 지금은 가장 빨리 처리를 한다. 기한 내에 제출해야 하는 일이 있으면 팀원 중에 내가 제일 먼저 제출한다. 오히려 집중하니까 더 빨리 처리되고, 효율성이 높아진 것을 스스로 실감하고 있다. 그러자 내가 하고 싶은 것에 집중할 수 있는 시간이 더 많이 생겼다.

셋째, 자신의 신체 리듬을 정확히 알고 하루 시간 계획을 세워야 한다.

사람마다 생활 패턴이 다르다. '미라클 모닝'이 좋다고 하지만 아침에 일찍 일어나지 못하는 사람도 있다. 오히려 밤에 집중이 잘 된다는 사람도 많다. 남들이 좋다는 것을 무작정 따라 하다가는 금세 포기하기 쉽다. 먼저 자신의 신체 리듬과 생활 패턴을 정확히 파악하는 것이 필요하다.

나는 음식을 먹으면 급격히 졸음이 몰려오고 신체 리듬이 느려져서 집중하기 힘들어진다. 이것을 알고부터 식사 시간을 최대한 조절한다. 중요한 일은 가능하면 오전 일찍부터 시작한다. 새벽 5-6시부터 일정을 시작해 오후 2시 정도에 점심을 먹는 걸로 계획한다. 식사 후에 집중력이 떨어지면 최대한 머리보다 몸 쓰는 일을 계획한다. 청소나 정리 등 집안일을 이때 집중적으로 처리한다. 소화가 어느 정도 되면 다시 책 읽기나 자료 조사 등 집중이 필요한 일을 한다. 자신의 신체 리듬을 잘 파악하고 할 일을 배치하면 같은 24시간도 다르게 활용할 수 있다. 다른 사람의 생활 패턴을 무작정 따라 하는 것보다 자신의 신체 리듬을 정확히 파악하고 시간 계획을 세우는 것이 현명한 방법이다.

나는 전형적인 아침형 인간이라 미라클 모닝을 자연스럽게 실천하고 있다. 5시 전에 일어나 뉴스를 정리하고 책을 보는 것을 좋아한다. 평소 2시간 걸릴 일도 아침에는 한 시간이면 끝날 만큼 아침 시간의 집중력은 굉장한 힘이 있다는 것을 느낀다. 처음으로 미라클 모닝을 실천한 사람이 이런 말을 했다.

"아침에 계획한 일을 다 했는데도 아직 시간이 많이 남았더라고요." 하지만 "미라클 모닝이 너무 힘들어요."라고 하소연하는 사람도 많이 만난다. '나만 미라클 모닝이 힘든 거야?'라며 포기할 필요는 없다. 미라클 모닝이든 미라클 미드나잇이든 자신이 집중할 수 있는 시간을 찾는 것이 핵심이다. '언제' 하는지 보다 '하고 있다'는 것이 더 중요하니까!

넷째, 쓸데없이 낭비하는 시간이 없어야 한다.

"나는 항상 시간이 없어"라고 하는 사람은 오늘 하루 동안 내가 한 일과 걸린 시간을 쭉 적어 보자. 그 일 중에 내가 꼭 해야 하는 일, 중요한 일과 그렇지 않은 일을 구분해 본다. 하루 동안 중요한 일, 꼭 해야 하는 일을 처리하는데 얼마나 걸렸을까?

동네 엄마들과 수다 떠는 시간, 쓸데없이 카톡 하는 시간, 홈쇼핑을 멍하니 보고 있던 시간, 스마트폰으로 핫딜에 매달려 있던 시간, 드라마에 빠져 있던 시간을 한번 더해 본다. 쓸데없이 보낸 이 시간들이 내가 원하는 것을 할 수 있는 시간이었다고 생각해 보자. 내가 이루고자 하는 게 있다면 포기해야 하는 것도 반드시 있기 마련이다. 그것이 수면 시간이든, 친구와의 수다 시간이든, 잡무를 처리하는 시간이든 상관없다. 남보다 한발 앞서나가는 것은 아주 작은 차이에서부터 시작된다.

나는 지하철 타는 시간을 좋아한다. 지하철 안에 거의 모든 사람들이 휴대전화 화면에 집중하길래 뭘 보는지 궁금해서 홀끔거린 적이 있다. 대부분 TV 프로그램이나 웹툰을 보거나 카톡을 주고받았다. 나 역시 밀린 카톡방의 글을 보거나 검색하며 시간을 보내곤 했다. 출퇴근이 반복되고 오래 걸리면서 어느 날부터인가 그 시간이 아깝다고 느껴졌다. 책을 꺼내서 읽기 시작했고, 출퇴근만 했을 뿐인데 책 한 권이 다 읽어졌다. 그렇게 일주일 동안 4-5권의 책을 읽게 되니 그동안 흘려보낸 시간이 아깝다는 생각이 들었다. 책을 들고 다니기 무겁고 번거롭다면 전자책을 읽는 방법도 있다. 밀리의 서재나 리디북스 같은 전자책 앱을 활용해 휴대전화로도 쉽게 읽을 수 있다. 이때는 집중해서 읽어야 할 책보다 가볍게 읽을 수 있는 책을 읽기를 추천한다.

내 주변에는 하루 24시간을 36시간처럼 활용하는 사람들로 가득하다. 미라클 모닝을 실천하며 아침마다 인증 사진을 올리는 사람, 꾸준히 독서 기록을 남기는 사람, 매주 임장기록을 남기는 사람, 매주 보고서를 분석하며 자신만의 빅데이터를 쌓아 가는 사람, 경매물건을 분석하고 낙찰에 도전하는 사람, 끊임없이 새로운 분야에 도전하는 사람 등등 그들은 나를 보며 자극을 얻었다고 하지만, 나는 그들을 보면서 끊임없이 자극받고 있다.

레비앙의 한 줄 Pick

습관은 복리로 작용한다. 돈이 복리로 불어나듯이 습관도 반복되면서 그 결과가 곱절로 불어난다.　　　　　　　　　　《아주 작은 습관의 힘》 중에서

간절히 원하면 이루어지더라
– 우주의 기운을 모으는 팁

"자성예언"

"피그말리온 효과"

"간절히 이루고자 하면 온 우주가 도와준다."

진부하지만 나는 이 말을 믿는다. 실제로 간절히 원하던 일이 이뤄진 경험이 있다. 주위에 성공한 사람들에게서 "우주가 도와준다"는 말이 어떤 느낌인지 알 것 같다는 경험담을 듣곤 한다. 이야기를 듣다 보면 세상에 안 되는 일은 없다는 긍정적인 생각이 확고해진다. 아주 작은 것이라도 목표를 달성해 본 사람과 아닌 사람의 차이는 분명하다. 작은 목표라도 성취해 본 사람은 큰 목표를 향해 나아가는 데 거침이 없다. '설마 되겠어'라는 생각보다 '할 수 있을 것 같다'는 긍정적인 생각으로 가득하다. 이미 성공을 경험해 봤기 때문이다. 안 해 본 일을 시작하는 게 제일 어렵고 힘들다. 하지만 시도를 한 사람과 아닌 사람의 차이는 크다. 그리고 목표를 성취해 본 사람과 아닌 사람의 차이는 더욱 크다.

"원하기만 하면 된다고? 그런 게 어딨어!" 그런 사람들에게 꼭 하고 싶은 말이 있다. "이루어지기를 간절하게 원하지 않은 건 아닐까요?" 스스로도 확신하지 못하는 일이었다면 과정 내내 최선을 다하지 않았을 테고, 안 될 거라는 부정적인 생각을 가졌을 것이 분명하다. 그런 일은 당연히 이루어질 수 없다.

어떤 일이든 목표를 세우는 것이 가장 중요하다. 목표 없이 일을 시작하기도 어렵지만 시작해도 금세 포기하기 쉽다. 목표는 구체적일수록 좋다. 예를 들어 막연히 '부자가 되겠다'보다는 '올해 1억을 저축하겠다'가 좋고, '운동을 열심히 하겠다'보다는 '올해는 하프마라톤을 완주하겠다'가 더 좋다. '올해는 책을 많이 읽겠다'보다는 '한 달에 3권을 읽겠다'가 더 낫다.

목표를 세웠으면 자주 상기시켜야 한다. 목표를 세우고 되뇌지 않으면 목표했다는 것조차 잊게 된다. 목표를 잊지 않기 위해 크게 써서 잘 보이는 곳에 붙여 두거나 매일 100번씩 쓰고, 큰소리로 10번씩 읽는 사람도 있다. 어떤 방법이든 상관없다. 중요한 것은 내가 목표를 세웠고 그것을 잊지 않기 위해 노력한다는 점이다.

나 역시 목표를 매일 떠올리기 위해 활용하는 방법이 있다. 매년 이 방법으로 원하는 정도의 성취를 이뤘기에 자신 있게 추천한다. 들어보면 너무 간단해서 실망할 수도 있다. 하지만 간단하니 속는 셈 치고 한번 해 보는 것도 부담 없지 않을까?

바로 '비밀번호 바꾸기'이다. 가장 자주 로그인하는 사이트의 비밀번호를 매년 내가 원하는 목표로 변경한다. 요즘은 휴대전화 자동로그인을 활용하기 때문에 비밀번호를 자주 넣지는 않지만 직장에서 이용하는 사이트나 인증서는 비밀번호를 넣고 로그인해야 한다. 일단 자신이 지금 간절히 이루고자 하는 목표를 몇 단어로 바꾼다. 예를 들면 올해 목표가 '일 년에 1억 저축하기'라면 사이트 비밀번호를 '1억 저축'이라고 변경한다. 단기 목표가 달성될 때마다 새로운 목표로 바꾸는 것도 좋다. 혹은 장기 목표 '자산 100억'이라고 하는 것도 좋다. 내가 목표를 세웠고 그것을 위해 오늘도 노력하겠다는 마음을 되새길 수 있다면 충분하다.

'간절히 원하면 이루어진다'는 간단한 문장의 힘을 믿어 보자. 지금 당장 당신의 목표를 구체적으로 적어 보고, 간단한 단어로 바꿔서 비밀번호를 변경해 본다. 비밀번호 변경이 귀찮다고 생각한다면 이미 당신은 목표를 이루기 힘든 사람이다. 목표를 이루고자 하는 간절한 마음이 당신을 움직이게 하는 원동력이 된다.

공부와 함께 시작해야 할 일
– 종잣돈 모으기

'욜로(YOLO)'는 'You Only Live Once'의 앞 글자를 딴 용어로 현재 자신의 행복을 가장 중시하고 소비하는 태도를 뜻하는 신조어이다.

대학생 때 아르바이트 한 돈을 차곡차곡 모았다. 졸업할 때 보니 2,000만 원이라는 돈이 통장잔고에 찍혀 있었다. 같이 아르바이트를 한 친구들은 화장품을 사거나, 유명한 미용실을 다니더니 졸업할 때 통장잔고가 0이 됐다. 돈을 쓰며 즐길 때는 몰랐지만 졸업할 때 나의 잔고를 보고 친구들은 많이 부러워했던 기억이 난다. 명품을 하나쯤 걸치고, 비싼 음식점에 가서 사진도 찍고,

손발톱을 예쁘게 치장해야 멋지게 사는 것이라고 생각하는 사람들을 보면 그들의 현재 잔고는 얼마일까 궁금해진다. 물론 나보다 잔고가 더 많은 사람도 있겠지만 그들이 벌어들이는 돈에 비해 상대적으로 얼마가 있느냐가 중요하다.

나는 중학교 때부터 용돈기입장을 썼다. 어느 날 사촌오빠가 집에 와서 당시에는 나름 큰돈을 용돈으로 주었다. 그 돈을 갖고 첫 통장을 만들러 갔던 기억이 난다. 내 인생에서 처음으로 만든 노란색 통장을 아직도 간직하고 있다. 통장 만들기와 함께 시작된 용돈기입장 쓰기는 가계부로 이어져 지금까지도 쓰고 있다.

연말연초가 되면 가계부가 서점 진열대를 차지한다. 남자든 여자든 가계부 쓰기를 시도해 보지 않은 사람은 거의 없다. 문제는 꾸준히 쓰는 사람이 드물다는 것이다. 가계부를 중학교때부터 써왔다고 하면 대부분 놀란 눈으로 쳐다본다. 그중에 일부는 '가계부 쓰기가 그렇게 효과 있어?'라는 의문을 가진 눈빛으로 보는 사람도 있다.

가계부 쓰기를 추천하는 가장 큰 이유는 '절약'이 아닌 '현금 흐름 파악과 자발적인 지출 통제'에 있다. 절약과 저축은 가계부를 쓰면 저절로 따라온다. 우리 집의 수입과 지출 흐름을 정확하게 파악하고 현명한 소비로 지출을 통제하다 보면 자연스럽게 절약하고 저축하는 습관을 갖게 된다.

운동을 결심하면 운동복과 도구를 먼저 사는 것처럼 가계부를 쓰겠다고 마음먹으면 좋은 가계부를 찾기 위해 시간을 허비하는 사람들이 많다. 앱을 활용한다는 사람도 있고, 인싸템인 농협가계부를 찾아 헤매는 사람도 있다. 30년 가량 가계부를 써 온 나에게 가장 좋은 가계부가 뭐냐고 물어보면 아이가 쓰고 남긴 줄공책 하나면 충분하다고 말한다. 줄공책을 펴서 자를 대고 세로로 세 칸 정도로 구분하면 가계부 준비는 끝난다.

가계부 쓰기를 포기하는 가장 큰 이유는 '귀찮고 번거롭다'는 점이다. 지출할 때마다 써야 하고, 10원까지 딱 맞춰서 써야 한다고 생각하면 무척 귀찮고 번거로운 일이 맞다. 만약 '귀찮고 번거롭다'는 점이 없어진다면 가계부 쓰기를 포기하는 일도 없을 것이다. 그래서 나는 한 달에 딱 한 번만 가계부를 정성들여 쓴다. 10원까지 딱 맞춰 쓰지도, 세세하게 항목을 구분하지도 않는다. 그렇게 쓰면 무슨 소용이 있냐고 묻는다면 내 대답은 분명하다. "그렇게 써도 충분합니다. 아니 훌륭한 가계부가 될 수 있습니다." 가계부를 쓰는 가장 좋은 방법은 중간에 포기하지 않을 만큼 편한 방법으로 '꾸준히' 쓰는 것이다.

내가 가계부를 꾸준히 써 온 비결은 나에게 맞는 최대한 간편한 방법으로 쓰기 때문이다. 내가 제안한 방법이 당신에게 맞지 않을 수도 있다. 한두 달 쓰다 보면 조금씩 수정할 부분이 보이고, 몇 번 수정하다 보면 어느새 자신에게 적합한 가계부 형식이 만들어질 것이다. 그 다음부터는 아주 쉽다. 중간에 포기할 필요도, 좋은 가계부를 찾아 헤맬 필요도 없다. 이제 우리 집의 수입과 지출을 파악하고 저축을 늘려 나가는 일만 남았다.

지금부터 내가 20년 넘게 써 온 가계부 작성 요령을 소개한다. 반드시 똑같이 할 필요는 없지만 이렇게만 해도 충분하다는 점을 기억하자. 각자 스스로 부담되지 않는 양식으로 바꿔서 활용해 보길 바란다.

하나, 고정 지출은 미리 적어 둔다.

보험, 통신요금, 공과금, 주유비 등은 매월 꾸준히 지출되는 요금이다. 주유비나 관리비의 경우 매월 조금씩 변동은 있겠지만 항상 반복되는 지출이므로 고정 지출로 구분한다.

둘, 현금 지출은 ATM기에서 인출한 현금을 다 썼을 때 한 번만 기록한다. 예를 들어 10만 원을 인출해서 일주일 만에 다 썼다면 그날 〈현금 10만 원 생활비〉 이렇게 기재하면 끝이다. 10만 원 중에 경조사비를 5만 원 지출했다면 〈경조사비 5만 원, 생활비 5만 원) 이 정도로만 기재한다. 몇 월 몇 일에 얼마까지 기록할 필요는 없다. 내가 수박을 얼마에 사고 콩나물을 얼마에 산 것을 구분하는 것은 큰 의미가 없다. 큰 틀에서 한 달 식비가 얼마, 고정 지출이 얼마, 학원비가 얼마 등의 흐름을 파악하는 것이 더 중요하다.

셋, 카드 명세서가 나오는 날 명세서를 보고 가계부를 채워 넣는다. 한 달에 딱 한 번 집중해서 가계부를 작성하는 날이다. 합계까지 내면 한 달 동안의 수입과 지출 흐름이 정확하게 파악된다. 한 달 기록했다고 해서 우리 가계의 현금 흐름을 파악할 수 있는 건 아니다. 하지만 한 달만 제대로 기록해도 내가 소비하는 금액이 생각보다 많아서 놀랄 것이다. 예상 외로 공과금이 많다는 점을 알게 되고, 보험과 같은 고정 지출이 월급에 비해 많은 비중을 차지한다는 것을 처음으로 깨닫는 사람도 있다. 이런 과정을 매달 반복하다 보면 우리 집의 현금 흐름이 머릿속에 단번에 들어오게 된다.

가계부를 꾸준히 기록하면 무엇이 좋을까? 이번 달에 외식비 지출이 많았다면 다음 달에는 조금 줄여야겠다고 계획할 수 있다. 경조사비가 많이 지출되는 특별한 달(생신, 기념일)이나 보험료 등이 많이 지출되는 달(자동차보험갱신월, 연말정산대비 연금저축액 추가불입월)에 대비해 따로 저축을 하거나 해당 월의 지출을 줄이는 등의 계획을 세울 수 있다. 내년에 아이 학원비가 더 지출될 예정이라면 우리 집 지출 중에서 무엇을 줄여서 충당할지 미리 계획을 세우는 것도 가능하다. 수입과 지출의 흐름을 정확하게 파악하면 저축할 수 있는 금액도 예측이 가능하다. 저축 가능 금액이 생각보다 작다면 어디서 지출을 줄일지 고민한다. 대출을 받아야 할 경우라도 매달 상환금액과 상환을 위해 필요한 기간이 계산되고, 좀 더 효율적인 자금 계획을 세울 수 있다.

마지막으로, 일 년에 한 번 항목별로 결산한다.

매년 12월 가계부 결산을 하면서 신기한 일을 경험한다. 10년 전 총 지출과 지금의 총 지출이 크게 차이가 나지 않는다는 점이다. 분명히 물가도 상승했고 아이가 크면서 지출도 늘었는데 신기한 일이 아닐 수 없다. 최근에는 총 지출이 줄어들기까지 했다. 다음에 나오는 표는 우리 집 총 지출을 기록한 것이다. 2012년 총 지출금액을 100으로 보고 2018년까지의 지출을 수치로 나타냈다. 2012년보다 2018년의 총 지출이 무려 14%가 줄었다. 물가상승률만큼 월급은 조금씩 늘었는데 지출은 오히려 줄었으니 결과는 예상한 대로다.

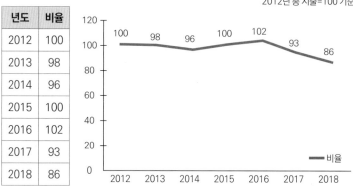

• 레비앙 가계부 결산 연도별 총 지출 •

2012년 총 지출=100 기준

년도	비율
2012	100
2013	98
2014	96
2015	100
2016	102
2017	93
2018	86

2012년에 펑펑 쓰고 살았다면 이야기가 다르지만 그때나 지금이나 내 생활 패턴에는 큰 차이가 없다. 그렇다고 한다면 상식적으로 물가상승률 정도만큼은 소비가 느는 것이 정상이다. 지출이 줄어든 이유가 무엇일까를 곰곰이 생각해 봤다.

• 총 지출에서 차지하는 비율 •

단위 : %

	보험료	통신비	식비	공과금	주유교통비	교육비
2012	14	4	20	8	12	21
2013	15	4	20	9	13	21
2014	15	4	21	8	14	21
2015	14	3	26	7	11	18

2016	16	3	29	6	7	19
2017	17	5	29	8	8	19
2018	19	4	31	9	10	11

　위의 표는 총 지출에서 각각의 항목이 차지하는 비율을 나타낸 것이다. 2012년에 비해 보험료가 차지하는 비율이 증가했다. 통신비와 공과금은 일정하게 유지되고, 식비가 크게 늘어난 반면 교육비가 크게 감소했다. 자녀가 어릴 때 유치원비로 인해 교육비가 오히려 많이 들고 초등학교에 입학하니 줄었다. 출퇴근이 가까워져서 주유비가 줄었는데 조금 넓은 집으로 이사하면서 공과금이 조금 늘었다. 중요한 것은 늘어나는 지출이 있으면 반드시 줄어드는 지출이 있다는 것이다. 가계부를 꾸준히 쓰다 보니 수입과 지출의 흐름이 머릿속에 그려진다. 무리한 지출이라고 생각되면 자연스럽게 지출이 통제된다. 초과 지출이 예상되면 다른 지출을 줄이려고 노력하게 된다. 우리 집의 재정상황을 머릿속에 꿰뚫고 돈이 샐 틈을 만들지 않는 습관을 들이는 것, 이것이 내가 가계부 쓰기를 강조하는 이유다. 부동산 공부를 아무리 열심히 해도 막상 종잣돈이 없으면 아무것도 할 수 없어 금방 흥미를 잃게 된다. 나가는 돈을 틀어막고 더 크게 불어날 수 있도록 가계부 쓰기부터 실천해 보기를 바란다.

부동산 공부를 시작하기 이전부터 꾸준히 가계부를 쓰며 저축해 왔다. 저축만 꾸준히 한 것이 미덕은 아니지만 저축조차 안 했다면 어땠을까 아찔한 생각이 든다. 꾸준히 모아 놓은 종잣돈은 투자를 결심했을 때 바로 실행에 옮길 수 있는 밑거름이 됐다.

대부분의 사람들은 부동산에 관심을 갖기 시작해서야 종잣돈이 중요하다는 것을 깨닫고 저축을 시작한다. 공부해 보니 뭔가 투자는 해 보고 싶은데 종잣돈이 부족해서 아무것도 하지 못하는 사람들을 많이 봤다. 적은 종잣돈으로 가능한 것을 찾다 보니 경매부터 시작하는 사람도 많다. 물론 경매가 나쁘다는 건 아니지만 다양한 투자처가 있는데 돈이 부족해 경매밖에 선택할 수 없다는 점은 분명 안타까운 일이다.

"지금부터 돈을 모아도 늦지 않았을까요?"라고 묻는다면 지금이라도 돈을 모을 생각을 했다는 자체만으로 칭찬하고 싶다. 공부든 돈 모으기든 하루라도 빨리 시작할수록 좋다. 자신이 공부에 투자한 시간과 모아놓은 종잣돈의 크기만큼 기회는 커진다.

월급과 성과급이 늘어나면 뭘 살까부터 고민하는 사람들이 있다. 월급이 늘어나는 만큼 소비가 늘면 우리 집 경제 상황은 늘 그대로일 수밖에 없다. 늘어나는 수입만큼 소비를 늘릴 게 아니라 저축을 늘릴려고 계획하는 것이 맞다. 지금 당장 돈을 펑펑 쓰며 느끼는 즐거움은 그 사람이 지금 버는 돈의 크기 정도밖에 안 된다. 현재의 작은 즐거움을 잠시 미루면 멀지 않은 미래에 복리로 늘어난 즐거움을 맞이하게 될 것이다. YOLO(욜로)는 미래의 목표가 없는 사람들이 외치는 안타까운 구호일 뿐이다.

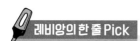

레비앙의 한 줄 Pick

돈 버는 방법의 기초는 늘 번 것보다 덜 쓰는 데 있다. 투자는 이 자본에서 시작된다. 자본 축적이 없으면 투자로 나아갈 수 없고, 당연히 이 자본의 크기가 커질수록 부자에 다가가게 된다. 그러나 덜 써서 모으는 과정을 좋아하는 사람은 별로 없다. 상당한 인내심을 요구하는 탓이다.

《부자들의 개인 도서관》 중에서

독서법 & 정리법

《**보도 섀퍼의 돈**》, 보도 섀퍼, 북플러스, 2011.
《**부의 본능**》, 브라운스톤, 토트출판사, 2018.
《**일생에 한번은 고수를 만나라**》, 한근태, 미래의 창, 2013.
《**아주 작은 습관의 힘**》, 제임스클리어, 비즈니스북스, 2019.
《**부자들의 개인 도서관**》, 이상건, 알에이치코리아, 2017.

독서법 ┃ 편안하게 읽기
정리법 ┃ 기억에 남는 문구나 기억하고 싶은 문구만 뽑아서 정리

마인드를 단련시켜 주는 책은 지식을 알려 주는 책처럼 집중하며 읽을
필요는 없다. 하나도 빠트리지 않겠다는 마음으로 꼼꼼하게 정리해야겠
다는 생각도 잠시 내려놓는다. 다만 '반성'과 '변화'라는 두 가지에 초점
을 두고 책 읽기를 추천한다.

첫 번째, 책에서 나에게 자극이 되고, 반성이 되거나 기억해 두고 싶은
문구를 적는다.
두 번째, 어떤 부분에서 자극이 되는지, 어떤 부분이 반성이 되는지, 어
떤 면에서 기억하고 싶은지를 자세하게 기록한다.
세 번째, 이 문구를 통해 어떤 나로 바꾸고 싶은지 계획을 세운다.

예시1

① **기억하고 싶은 문구** : 대개 이사 횟수와 재산은 비례한다. 여러 곳에 직접 살아 봐야 지역별 장단점을 정확하게 파악할 수 있고 부동산을 보는 안목이 생기고 안목이 돈으로 변한다. 《부의 본능》 중에서

② **반성** : 내가 살고 있는 지역이 전부라는 생각, 새로운 곳에 적응하기 힘들어 하는 성격을 극복하려 하지 않고 편한 곳에 안주하려던 안일한 생각, 자녀가 없거나 어릴 때 그나마 여기저기 살아 볼 수 있다는 주변의 조언을 흘려들었던 점이 후회가 된다. 수지 바로 옆에 광교신도시가 조성될 무렵, 서울보다 더 멀다는 이유로, 허허벌판에 뭐가 들어오겠냐며 미래를 보지 못한 채 분양 받을 생각, 미분양이 난 것을 잡을 생각도 하지 않았던 편협한 시각을 반성한다.

③ **목표** : 내가 알고 있는 지역뿐 아니라 주변 지역까지 잘 알고 있어야 기회가 와도 잡을 수 있다는 생각이 든다. 지금부터라도 차근차근 지역 공부를 하고 시간이 날 때마다 현장에 가서 많은 것을 눈과 머리에 담아야겠다.

예시2

① **기억하고 싶은 문구** : 사람들은 수입이 아니라 저축을 통해서 부자가 된다. 지멘스, 보쉬, 포르쉐, 벤츠, 헨켈, 네슬레, 알디 형제 등 세계적인 기업의 창업자들은 저축을 강조한 사람들이라는 공통점이 있다. 그리고 모두 버는 것보다 적게 썼고, 그 돈을 현명하게 투자했던 사람들이다. 동서고금을 막론하고 지독하게 절약하고 저축하지 않았던 창업자는 단 한 명도 없다! 《보도쉐퍼의 돈》 중에서

② **반성** : 수입도 적은데 저축까지 할 돈은 없다고 현실을 부정하며 잠깐의 행복을 위해 불필요한 지출을 많이 했다. 일 년에 한 번쯤은 보란 듯이 해외여행도 다녀오고, 남들에게 보여 주기 위해 비싼 차도 사고 맞벌이라서 힘들다는 핑계로 외식을 하며 돈을 모으지 못했다. 그러는 사이 나보다 더 많이 벌지 않는 주변 사람들이 집을 장만하고, 자산이 늘어나는 것을 보면서 나는 왜 그렇게 못하나 불평만 커졌다.

③ **목표** : 남들의 시선이 아니라 나 자신의 풍요로운 삶, 여유 있는 미래를 위해 아껴

야 한다는 것을 깨달았다. 지금부터라도 가계부를 쓰며 불필요한 지출을 줄여 나가야겠다. 수입의 반을 저축한다는 목표를 세우고, 절약 노하우를 공유하는 글을 찾아서 실천에 옮겨야겠다.

예시3

① **기억하고 싶은 문구** : 일을 잘하는 사람은 장기 목표와 중기 목표가 있다. 오전에 해야 할 일과 오후에 해야 할 일이 명확하다. 그렇기 때문에 에너지를 집중할 수 있다. 시간대별로 할 일을 정하고 집중력을 높여야 한다. 《일생에 한번은 고수를 만나라》 중에서

② **반성** : 매년 1월 1일 새해 목표를 거창하게 세우지만 한 번도 목표를 달성한 적이 없다. 이룰 수 없는 목표를 세우니 며칠 실천하고 바로 해이해진다. 시간을 아껴 써야 한다는 생각은 못하고 할 일을 미루고, 늦게 처리하면서 맨날 시간이 없다는 핑계를 대곤 했다. 남들도 똑같이 직장일과 집안일을 하고도 새로운 공부와 도전을 하는데 나는 맨날 시간이 없고 체력이 없으며 힘들다는 투정을 했다.

③ **목표** : 당장 실천 가능한 단기 목표, 중기 목표, 장기 목표를 분할해서 구체적으로 세운다. 버리는 시간을 줄이기 위해 매 시간 무슨 일을 했는지 체크하고, 일의 효율을 높이기 위한 시간 계획을 짠다. 부지런히 사는 사람들과 어울리며 그들의 생활 방식을 따라 하려고 노력한다.

위의 예시처럼 작성하고 한 달, 혹은 일 년 뒤에 정리한 것을 다시 읽어 보자. 변화하기로 계획한 것을 실천했는지 반성해 보고, 후회가 되는 부분이 있다면 다시 한 번 변화 계획을 세워 본다. 한 번 잘못은 실수지만 실수가 반복되면 실력이라는 것을 잊지 말자.

마인드를 단련시켜 주는 책은 읽고 있는 상황, 시기에 따라 자극 받는 부분이 다르다. 그래서 다시 꺼내 읽어도 새롭게 읽힌다는 사람이 많다.

책을 읽다가 자극이 많이 된 책은 책장에 잘 보이는 곳에 꽂아 두고, 마음이 힘들 때나 문득 그 책이 생각날 때 다시 꺼내 읽으며 해이해진 마음을 다잡아 보기 바란다.

3장

부동산 역사와
입지

: 많이 아는 사람이 기회도 많다

역사를 알면
미래를 예측할 수 있다

부동산 공부를 시작하면 '사이클' 혹은 '주기설'이라는 단어를 자주 접하게 된다.

"부동산 시장은 돌고 돈다."

"집값은 상승과 하락을 반복하며 우상향한다."

"재건축, 재개발은 큰 폭으로 상승하고 큰 폭으로 하락한다."

"인천이 오르면 꼭지다(상승장의 끝이다)."

"전세값이 오르면 집값은 상승한다."

이 말들은 부동산에서 격언처럼 통용되는 말이다. 사람들이 의심 없이 이 말을 받아들이는 이유가 뭘까? 바로 '경험'을 통해 얻은 깨달음이기 때문이다. 그럼 언제 경험했을까? 우리나라에 아파트가 지어지기 시작한 그때부터 지금까지 집값은 상승과 하락을 반복했다. 큰 상승도 있었고 큰 하락도 있었지만 결과적으로는 우상향해 왔다. 규제가 나오면 재건축, 재개발에서 가장 큰 폭의 하락이 왔고 2020년 초에도 그랬다. 하락한 곳의 급매가 소진되면 반등할 것이라고 했고 실제로 그러했다. 지난 2008년 7월 인천 아파트 매매 가격 상승률은 2.84%로 역대 최고치를 기록했다. 인천 아파트의 상승을 끝으로 수도권 부동산 시장은 긴 하락에 접어들었다. 그래서 인천이 오르면 꼭지라는 말을 한다. 하락이 길어지다 상승하는 시기에 무엇이 변했나 보니 전세가와 전세가율이 올랐다. 그래서 전세가가 오르면 집값이 오른다는 말을 하는 것이다. 과거의 경험을 모아 적으면 우리는 그것을 '역사'라고 하고, 역사를 통해 미래를 예측할 수 있다.

이번 정부에서만 부동산 정책이 20번 넘게 발표됐다. 정책이라고는 하지만 하나같이 규제책이었다. 이번 정부 내내 집값이 상승하다 보니 각종 규제책을 쏟아 내 집값을 잡으려고 했다. 역사를 모르는 사람에게는 매번 새로운 정책으로 보이지만, 역사를 아는 사람에게는 예상 가능한 정책이 나온 것에 불과하다. 그래서 정책이 발표되자마자 결과에 대한 예측이 바로 쏟아져 나온다.

현재 그리고 미래가 과거와 같을 수는 없다. 시장 상황이 다르고, 여타의 경제 여건이 다르고, 세계경제의 상황도 많이 다르다. 하지만 부동산 시장에 참여하는 사람들의 심리와 행동 패턴은 크게 다르지 않다. 집값을 통제하기 위해 정부가 활용할 수 있는 정책 또한 한정적이다. 그래서 역사를 알면 앞으로 시장이 어떻게 흘러갈지, 이어서 어떤 규제가 나올지 예상할 수 있는 것이다. 부동산의 역사를 알고 시장에 참여하느냐, 모르고 참여하느냐에 따라 정책을 대하는 태도가 달라질 수밖에 없다. 그것이 '부동산 역사'를 공부해야 하는 중요한 이유이다.

2001년에 출간된 《아파트값 5차파동》은 우리나라에 아파트가 들어서기 시작한 1960년대부터 2000년대 초반까지 부동산 시장의 역사를 마치 실록처럼 기록한 책이다. 부동산 시장이 다른 경제 여건과 분리돼 움직이는 것이 아닌 만큼 당시의 경제 상황도 함께 기록돼 있다. 그래서 책을 읽으면 당시 시장 상황을 이해할 수 있고 사람들의 심리가 왜 그렇게 움직였는지 고개를 끄덕이게 만든다. 지금 시장 상황과 정확히 일치하는 기록이 나오면 소름이 돋기도 한다. 지금까지 본 책 중에서 부동산 시장에 대해 이렇게 자세하게 기록한 책은 단연코 없다.

나는 부동산 공부를 시작하고 많은 글을 읽으면서 법칙처럼 생각되는 것을 기록해 두었다.

"전세가와 매매가는 토끼와 거북이의 경주와 같다. 거북이가 따라 잡으면 토끼가 도망가는 것처럼 전세가가 올라가서 매매가에 근접하면 매매가가 상승하고 다시 전세가가 따라 올라간다."

여러 책을 보고 옮겨 적은 많은 문구들이 《아파트값 5차파동》에서 모두 언급돼 있어 책을 읽는 내내 소름 돋는 순간이 많았다. 너무 좋은 책이라 혼자 알고 싶어서 소문 내지 않은 건 아닐까라는 생각조차 든다. 나 또한 나만 알고 싶은 책 '1위'에 올릴 만큼 추천하고 싶은 책이기 때문이다.

나의 추천으로 이 책을 읽은 사람들의 반응을 보면 어떤 책인지 미루어 짐작할 수 있다.

"이 책을 알게 돼 정말 기쁘다."

"이런 책이 있는 줄도 몰랐다."

"뉴스에 나오는 정책들이 예전에도 있었다니 놀랍다."

"부동산 공부를 시작한다면 이 책 한 권만 완독해도 충분하다."

"지금 상황과 똑같은 상황이 나오는 대목에서 소름이 돋았다."

이 책은 아쉽게도 절판돼 시중에서 구입할 수 없다. 중고 거래가를 검색하면 다시 한 번 깜짝 놀란다. 중고서적이 10만 원이 훌쩍 넘는 가격으로 거래되기 때문이다. 어쩔 수 없이 소장하고 있는 도서관을 찾아봐야 한다. 운 좋게도 내가 사는 지역 도서관에 소장된 것을 발견하고 마치 보물을 발견한 듯 기뻤던 기억이 난다. 이 책을 구할 수 없어 애가 탄다는 사람들의 하소연이 빗발쳐 도움이 되고 싶은 마음에 도서관 소장 정보를 찾아봤다. 소장된 도서관이 많지는 않지만 부동산 공부를 제대로 해 보겠다는 의지가 있다면 조금 먼 도서관이라도 찾아가는 '열정' 정도는 갖고 있어야 하지 않을까? 어렵게 구해서 읽은 만큼 더 가치 있는 책으로 기억될 것이다.

● 《아파트값 5차파동》 소장 도서관 목록 ●

지역	도서관명	소장위치	청구기호
서울	고척도서관	종합자료실	327.87-ㅊ414ㅇ
서울	동대문도서관	종합1실 서고	327.87-ㅊ414ㅇ
서울	종로도서관	인문사회 과학실서고(직원문의)	327.87-ㅊ414ㅇ
서울	국립중앙도서관	디지털열람실	
서울	국회도서관	서고(열람신청 후 1층 대출)	365.5 ㅊ184ㅇ
인천	인천광역시교육청 중앙도서관	[중앙]일반실	327.87-최명철아
경기	성남시 중원도서관	제1문헌정보실	327.87-ㅊ4140아
경기	고양시 백석도서관	백석종합자료실	327.87-최34ㅇ
경기	광명시하안도서관	종합자료실	367.564-ㅊ414ㅇ
제주	성산일출도서관	성산_종합자료실	HG327.87-최34ㅇ
제주	제주서부도서관	종합자료실	DO327.87-최34이]

전북	전주시립 인후도서관	인후일반실	G. 327.87-최414ㅇ
전북	전주시립 금암도서관	금암일반실	G. 327.87-최414ㅇ
전북	전주시립 완산도서관	완산일반실	327.87-최414ㅇ
전북	전주시립 삼천도서관	삼천일반실	G. 327.87-최414ㅇ
강원	춘천교육문화관	서고	327.87-최33ㅇ
경남	경남하남도서관		365.13-최34아

대학 도서관	
경성대학교 도서관	경희대학교 중앙도서관
국민대학교 성곡도서관	계명대학교 도서관
단국대학교 퇴계기념도서관	명지대학교 도서관(용인)
상명대학교 서울캠퍼스 도서관	서울시립대학교 도서관
서경대학교 중앙도서관	숙명여자대학교 도서관
연세대학교 학술정보원	영남대학교 도서관
전북대학교 도서관	조선대학교 도서관
충북대학교 도서관	한국항공대학교 도서관
한양대학교 안산캠퍼스	한밭대학교 도서관
호서대학교 도서관	

　　절판도서를 읽을 수 있는 또 한 가지 방법이 있다. 바로 '국회도
서관 우편복사 서비스'이다. 국회도서관에 소장된 책에 한해 가
능하므로 원하는 책이 국회도서관에 있는지 먼저 검색해 본다.
가까운 곳이라면 대출도 가능하며 우편복사신청도 가능하다.

국회도서관 소장자료 복사는 '저작권법이 허용하는 범위 내에서 부분 복사만 가능하며, 귀중자료, 고소, 고잡지 등 훼손될 우려가 있는 자료는 복사를 금지하거나 제한합니다'라고 명시되어 있다. 국회도서관을 방문해서 직접 복사를 하거나, 책을 직접 찾아 복사실에 복사 신청을 하는 것도 가능하다. 국회도서관을 방문하기 힘든 사람들을 위해서 〈국회도서관-이용자마당-우편복사 신청하기〉를 클릭하면 복사 후 우편발송까지 신청이 가능하다. 이용요금은 A4 기준 페이지당 60원, 링제본 2-3,000원, 책제본 권당 6,000원으로 우편발송 시 별도의 우편발송비가 추가된다. 10만 원이 넘는 중고서적이라도 사서 봐야 할까 망설였던 사람들은 국회도서관 홈페이지를 방문해 본다.

《대한민국 부동산40년》은 2000년대 노무현 정부(2003-2008년) 시기의 부동산 정책을 기록한 책이다. 《아파트값 5차파동》이 2000년 초반에서 책이 마무리되기 때문에 이어지는 시기의 부동산 정책 흐름을 파악하는 데 도움이 된다. 당시 부동산 시장의 분위기와 함께 어떤 정책을 어떤 이유로 고려했는지, 정책을 시행하기까지 어떤 논의가 있었는지, 논의 과정을 거쳐 시행되지 않은 정책은 무엇인지, 예상되는 문제점은 어떤 것이었는지 자세하게 기록돼 있다. 규제의 끝판왕이라는 전월세상한제, 채권입찰제가 논의되고도 시행되지 못한 이유도 있다. 지금 정부의 정책이 노무현 정부의 정책과 같다는 말을 많이 한다. 이 책을 봐야 할 이유가 이 점 하나로도 충분해 보인다. 지금 부동산 시장의 정책과 앞으로 나올 정책, 그 파급 효과를 예상해 보는 데 도움이 될 것이다. '부동산 시장은 돌고 돈다'고 한다. 이후에 어떻게 부동산 시장의 흐름이 흘러갔는지 책을 통해 교훈을 얻기를 바란다.

 레비앙의 한 줄 Pick

눈앞에 어른거리는 돈을 좇아 종잣돈을 이리저리 굴려 보지만 어찌된 게 세상에 널려 있는 돈은 나만 피해간다. 빛이 있으면 그림자가 있듯이 재테크는 돈을 버는 사람이 있으면 누군가 반드시 손해 보는 제로섬 게임이다. 정해진 룰이 없어 자금력과 지혜와 용기가 있는 자만이 살아 남는 살벌한 머니게임에 충분한 지식과 정보도 없이 무리하게 불확실한 대박 꿈을 좇다가 쪽박 차기 일쑤다.
　　　　　　　　　　　　　　　　　　　《아파트값 5차파동》 중에서

독서법 & 정리법

《**아파트값 5차파동**》, 최명철, 다다원, 2001.
《**대한민국 부동산40년**》, 국정브리핑특별기획팀, 한스미디어, 2007.

독서법 | 정독
정리법 | 연대표를 만들어 연도별로 꼼꼼히 정리하기

역사책은 읽을 때는 모두 이해한 것 같지만 책을 덮으면 기억나지 않기 마련이다. 역사는 시기를 정확히 기억하는 게 중요하다. 그렇다고 시험을 보는 것도 아닌데 입시공부 하듯 외우라는 뜻은 아니다. 하지만 나중에 찾아볼 수 있게 연도별로 정리하기를 추천한다. 부동산 공부라고 해서 부동산 시장에만 집중할 것이 아니라 함께 언급된 당시의 경제 상황을 같이 기록하는 것도 도움이 된다. 연도별로 꼼꼼하게 정리하고, 큰 흐름도 놓치지 않으면서 차근차근 읽어 본다.

● 4차례 아파트값 파동 비교분석 ●

	1차 파동	2차 파동	3차 파동	4차 파동
시기	73-74년	77-78년	82-83년	87-91년
기간	1년	1년 6개월	1년	3년 8개월
국민소득(만 원)	396	864	2044	4127

날짜	1차 파동	시대 상황
1967	민간자본 첫 아파트 – 현대건설 세운상가아파트 주상복합 이전에는 민간건설아파트는 사후관리 보장받기 어렵다는 이미지로 인기 없었음	세운상가주상복합
	70년 초 월남 특수로 인해 해방 이후 처음으로 호황기 소득증가 아파트 단지화, 대형화, 고층화 하반기부터 불황의 한파 – 말죽거리 황금땅, 한강맨션도 반짝 인기 건축 활동 위축	

1971.
9
	강남 시대가 열렸다– 반포아파트
	• 주택공사 한강 매립으로 반포지구에 아파트 첫 건설하면서 강남
	  시대 개막
	• 남서울아파트라는 이름으로 32평, 42평, 평당 17만 원 선착순
	  분양–미분양
	• 동작대교가 없어 강북에 비해 교통 불편, 주거환경도 미흡,
	  내부시설비 평당 3만 원 부담
	• 이름을 반포아파트로 바꾸고 분양 조건도 완화
		71년 대통령 국회의원
		선거에도
		침체된 경기 못 살림

		반포아파트 평당 17만 원
	서민 위해 주택공사가 지은 13평형 개봉아파트도 임대 전환 1년치 보증금은 1년치 월세금액인 7만8,000 원, 월세 6,500원	개봉아파트 보증금 7만8,000원 월세 6,500원

1972.
5
	영동신시가지 시영단독주택이 인기리에 분양
	• 청담동, 논현동, 신사동 등 10곳에 1400가구 무주택자에게 분양
	• 대지 70평, 건평 20평, 평당 5만 원 제일 인기 – 5만 원은 중산층
	  한 달 월급
	• 단독주택으로 주변 환경정비 개발촉진지구 지정으로 건축 시 세금
	  혜택
		불황이 장기화되자
		경기부양책
		부동산투기억제세 완화
		기업사채 동결 조치
		경기 살리기–효과

1972. 10	경기회복 조짐, 실물경기에 앞서 움직이는 주식시장이 기지개 그러나 부동산 시장은 신통치 않음 주택에 대한 투자수익이 은행이자보다 낮을 때임 집을 사는 사람보다 전세를 찾는 사람이 더 많음, 세금 부담 큼 집값도 안정되자 굳이 집을 사야 할 필요를 못 느낌 **전세가가 70% 수준까지 오름**	**주식시장이 먼저 기지개 전세가 70% 육박**
1973. 3 1막 1장	1막1장 제비뽑기 1인당 최소 5평이 필요하다는 국제기준에 따라 국민주택 규모를 전용면적 25.7평으로 규정(주택건설촉진법) 이전에는 3평 기준으로 15–16평이 주로 건설됨 이사철 뚜렷 – 6개월 단위로 주택임대차계약이라 봄, 가을 1회 이사비용 5,000원선	만 원권 첫 발매 **실물경기 호황 국면**

	실물경기는 호황이나 철근값이 35% 오르면서 자재값 인상, 집 지을 엄두 못 냄 집 주인 호가 올려 내놓음 반포아파트 미분양 완판 프리미엄 다시 등장	반포아파트프리미엄
1973. 5	반포아파트 32평 분양 585만 원에 200만 원 파격 융자 조건 – 인기가 많아 공개 경쟁입찰로 분양 AID(미국국제개발처)가 보증하는 차관으로 반포아파트 22평 무주택자에게 분양 분양가 360만 원, 270만 원 장기분할상환 조건으로 융자 90만 원만 있으면 입주 분양권 전매 막기 위해 5년간 전매금지와 가등기 조치했으나 50만 원씩 프리미엄 붙어 거래 무주택 아닌 사람이 당첨됐다는 물의 이후 주공아파트 컴퓨터 추첨 방식으로 변경 실물경제 회복, 미분양 소화 새로운 주택 수요 생기기까지 최소 6개월 소요 주택경기는 실물경기의 흐름과 맥을 같이 하지만 다소 늦게 회복되는 주기	반포아파트 32평 585만 원 반포차관아파트 22평 무주택자에게 분양 분양가 360만 원 프리미엄 50만 원
	철근 소비 줄이기 위해 대형아파트 신축 규제하자 기존 아파트값 자극 평당 25만 원 선을 넘어섬 국세청 자금출처조사 강화로 아파트 관련 첫 규제	분양가 평당 25만 원 이상 처음으로 아파트 관련 규제
1973. 7	포항제철 준공됐으나 철근값은 40% 올라 파동으로 확대 주공 반포아파트 분양가 20% 인상, 평당 20만 원에 분양 국민주택채권을 많이 매입하는 순서로 동호수 선택권 주는 채권입찰제 실시 경기호황인데 철근 파동 → 수요 증가 → 매물 부족 → 집값 상승 중상류층이 선호하는 20평 이상 아파트 중심으로 거래 활발 주거환경이 좋은 아파트가 인기-환금성 좋고 희소 가치 있는 아파트가 투자 1순위 철거 방침이 알려진 시민아파트는 철저하게 왕따	반포주공 평당 20만 원 분양 **첫 채권입찰제 실시**

입지,
기본 원리를 알면 쉽다

처음 마련한 내 집이 1억이나 떨어진 상황을 10년 가까이 경험한 나로서는 다시 내 집을 마련해도 되는지 근본적인 생각부터 흔들리고 있었다. 불안한 마음이 들 때마다 더 열심히 책을 읽었다. 아무런 공부도 없이 무턱대고 집만 산다고 해서 결코 행복해지지 않는다는 것을 경험했기 때문이다. 집을 사 놓고 하루에도 열두 번씩 괜히 샀나 후회가 밀려온다면 전혀 행복하지 않을 것이다. 후회와 불안은 확신이 없기 때문에 생긴다. 유명하다는 강사를 찾아가 질문해 보고, 블로그나 카페에 들어가 아무한테나 쪽지를 보내고 답장을 기다리면서 초초해 할 뿐이다. 내가 왜 투자를 하려고 하는지, 어떤 지역에 무슨 이유로 투자하려고 하는지 스스로 확신을 갖는 것이 가장 중요하다.

《부동산 투자 이렇게 쉬웠어?》라는 책의 제목처럼 부동산 투자가 쉽다면 이 책을 읽지도 않을 것이다. 뭔가 막연하고 잘 모르겠는데 도움이 되는 책 없을까 고민하며 이 책을 펼쳤을 것이다. 어떤 분야든 기본 원리를 알면 쉬워진다. 부동산 공부도 마찬가지이다. 가장 기본이 되는 원리만 이해해도 '나도 한번 해 볼 수 있지 않을까'라는 자신감이 생긴다. 부동산의 '부'자도 모르던 시절, 이 책을 읽으면서 나도 해 볼 수 있겠다는 용기를 얻었다. 부동산 공부를 왜 해야 하는지, 어떤 식으로 접근하면 좋을지 알게 해 주는 책이었다. 명료한 문장과 개조식 구성으로 가독성도 좋다. 다만 예전에 나온 책이라 지금 시장 상황에 맞는 투자법은 아닐 수 있음을 미리 밝힌다. 부동산 분야가 생소하게 느껴진다면 쉬운 것부터, 기본적인 원리부터 배워 보길 추천한다.

레비앙의 한 줄 Pick

진짜 고수는 한 번에 큰돈을 버는 사람이 아니라, 긴 시간 동안 큰 실패 없이 꾸준히 투자하는 사람이다. 고수는 정부 정책의 전환으로 인한 시장의 변화 가능성을 항상 염두에 두며, 한 번에 많은 돈을 벌려고 욕심내기보다는 리스크를 관리하면서 꾸준히 투자하는 것이 더 큰 수익이 된다는 사실을 경험으로 알게 된 사람들이다. 《부동산 투자 이렇게 쉬웠어?》 중에서 부동산 같은 실물(부동산, 금, 달러)에 투자해야 하는 가장 큰 이유로 '인플레이션'을 이야기한다. 은행 이자가 1%대인 요즘 시대에 은행에 저금해 둔 돈은 이자만큼 불어나는 것이 아니라 물가 상승률만큼 가치가 떨어지고 있다고 말한다. 가장 안전하다 생각해서 저축을 했더니 내 돈의 가치가 떨어지고 있다는 말을 들으면 뭔가 바보가 된 느낌이다. 코로나19로 미국에서 엄청난 달러를 찍어 냈다. 우리나라도 재난지원금이라는 명목으로 많은 돈을 시중에 풀었다. 주택 공급 대책으로 지정된 신도시에서는 토지 보상금으로 엄청난 돈이 지급될 예정이다. 신축이 될 아파트보다 먼저 풀릴 보상금이 부동산 시장을 자극하지 않을까 걱정하는 소리가 높다. 아는 만큼 불리는 것이 자본주의의 원리이다. 부동산 공부 역시 내 자산을 지키고, 불리기 위해 반드시 해야 할 일이다.

레비앙의 한 줄 Pick

무엇보다 우리가 핵심에 집중해야 하는 이유가 있다. 핵심 부동산은 리스크에 강하다. 어떤 상황에서도 덜 무너지고 설령 무너진다고 해도 빠르게 회복한다. 장기적으로 볼 때도 평균보다 훨씬 높은 상승률을 보인다. 핵심에 집중하라. 대중을 따라가고 싶은 마음을 억누르라. 핵심 부동산에 집중하면, 설사 좋지 않은 시절에 매수했다 치더라도 세월이 지난 후 최소한 보상이라도 얻을 수 있다.

《부동산 투자의 정석》 중에서

독서법 & 정리법

《부동산 투자 이렇게 쉬웠어?》, 신현강(부룡), 지혜로, 2017.
《부동산 투자의 정석》, 김원철, 알키, 2016.

독서법 ┃ 정독
정리법 ┃ 필사에 가까운 꼼꼼한 정리

처음 접하는 분야에서 기본적인 원리를 배우고자 한다면 가장 좋은 방
법은 책 전체를 필사해 보는 것이다. 꼼꼼히 정리했더니 자연스레 필사
가 되더라는 사람도 있다. 기본적인 지식이 부족한 상태에서 책을 읽으
면 거의 모든 내용이 중요하게 느껴진다. 모든 게 새롭게 느껴지는 단계
를 뛰어넘으면 책 읽는 속도도 빨라지고, 정리하는 양도 크게 줄어든다.

정리를 잘 못하는 사람은 필사를 해 보라고 권하지만 필사보다 추천하
는 방법은 가독성을 높이는 정리법이다. 우리의 기억력은 한계가 있다.
두뇌는 생각보다 게으르다고 한다. 게으른 두뇌가 더 잘, 더 오래 기억
할 수 있도록 효과적인 정리법을 소개한다.

하나, 제목을 반드시 쓴다.
제목은 글의 흐름을 잡아 주는 기둥이라고 볼 수 있다. 제목을 빼고 내

용만 정리하면 나중에는 큰 흐름을 놓치게 된다. 먼저 책의 목차를 보고 제목을 쭉 적고, 책을 읽으면서 해당되는 제목 아래 중요한 내용을 채워 나간다. 제목은 책에 있는 그대로 적는 것이 좋다. 간혹 제목은 적었지만 정리할 내용이 없는 경우 제목을 지우거나 그냥 비워 둔다. 내용 구성상 꼭 필요한 부분이지만 기억해야 할 것은 별로 없는 챕터라고 생각하면 쉽다.

둘, 중요한 부분을 옮겨 적는다.
중요한 부분을 옮겨 적을 때는 몇 페이지였는지도 함께 적어 놓으면 좋다. 책의 내용을 다시 확인하고 싶을 때 시간을 절약하는 데 도움이 된다. 정리가 익숙하지 않을 때는 책에 나온 문장 그대로 옮겨 적는 것이 좋다. 조금 익숙해지면 간추려서 정리하도록 연습한다. 한 번 읽고 제대로 이해가 안 된 문장이라면 더더욱 문장 그대로 옮겨 적는 것이 좋다. 나중에 임의로 틀리게 해석하는 것을 막을 수 있다. 중요한 것을 적을 때에도 줄글보다는 앞에 1, 2, 3을 붙여 개조식으로 정리하는 것이 더 가독성 높고 효과적인 방법이다.

셋, 중요한 부분을 강조해서 표시한다.
밑줄을 긋거나 색깔을 넣어 표시한다. 중요도에 따라 밑줄, 진하기, 색깔 등의 단계를 지정하고 모든 정리에서 일괄적으로 사용한다. 글자의 모양이나 색만 봐도 문장의 중요도가 한눈에 파악된다.

넷, 의문이 드는 부분을 옮겨 적고 답을 찾아본다.

"이 데이터는 어디서 나온 걸까?"

"이 부분은 왜 이렇게 해석한 걸까?"

어떤 부분이 이해가 잘 안 되는지, 어떤 부분을 확인하고 싶은지, 어떤 이유로 저자의 생각에 반대하는지 등을 자세하게 기록한다. 그리고 의문이 드는 부분을 찾아보는 습관을 들인다. 책을 읽는 동안에는 답을 찾아 봐야겠다고 생각하지만 책을 덮는 순간 질문도 함께 잊기 마련이다. 의문이 생기면 잠시 책 읽기를 멈추고 바로 찾아보는 것이 가장 좋은 습관이다. 내가 찾아낸 게 정답이 아닐 수도 있다. 오히려 정답이 아니었던 경험이 나중에 큰 도움이 될 수 있다. '그때 이렇게 생각해서 틀렸던 거구나'라고 복기할 수 있기 때문이다.

다섯, 중요한 데이터는 경로를 반드시 확인한다.

'국토부에 이런 자료가 있구나' 하고 넘어갔다가 나중에 국토부 사이트를 접속하면 경로를 찾지 못해 헤매는 경우가 많다. 확인하고 싶은 데이터 경로가 있다면 책을 잠시 덮고 바로 컴퓨터를 켜서 자료가 있는 곳을 확인한다. 정리노트에 경로를 자세하게 기록해 두면 좋다.

여섯, 기왕이면 에버노트나 블로그처럼 링크가 가능한 곳에 정리하는 것을 추천한다.

손으로 정리를 하더라도 사진을 찍어 함께 올려 두면 좋다. 종이는 잘 보관한다고 해도 색이 바래거나 구김이 생기는 등 보관상 문제가 발생할 수 있다. 갑자기 꺼내 보고 싶을 때 볼 수 없다는 한계가 있다. 사진을 찍거나 스캔을 해서 온라인상에 보관하면 다시 보고 싶을 때 쉽게 접근

가능하다는 장점이 있다. 에버노트와 같은 툴도 정리하는 데 유용하다. 나는 블로그를 정리노트로 활용하고 있다. 블로그는 공개적인 글도 쓸 수 있지만 비공개로도 작성이 가능해 나만의 정리노트 카테고리를 만들어 차곡차곡 정리하고 있다. 편집 중 자동 저장기능이 있어 내용이 날아가는 위험도 적고, 사진 첨부나 편집이 쉬워서 추천하는 툴이다. 중요한 데이터 링크를 함께 정리해 두면 바로 연결되는 편리함도 있다. 정리도구는 꼭 위에서 언급한 것이 아니어도 상관없다. 남들이 추천하는 것보다 자기 손에 익어서 아무 때나 쓸 수 있는 툴이 제일 좋다.

● 기본 원리 도서 정리법 ●

> *3장 | 탁월한 투자자의 정석*
> 핵심 부동산 투자로 경제적 자유 얻기
>
> 부동산 활황은 생각보다 길지 않다.- 핵심 부동산을 구입해야 한다.
> 핵심 부동산은 리스크에 강하다.
> 어떤 상황에서도 덜 무너지고 빠르게 회복한다.
> 장기적으로 볼 때도 평균보다 훨씬 높은 상승률을 보인다.
>
> **〈핵심 부동산을 매수하기 힘든 현실적인 이유〉**
> 1. 핵심이 무엇인지 모른다.
> 2. 핵심 부동산을 매수하기 힘들어(비쌈) 옆의 것을 산다.
> 3. 핵심 부동산을 과도하게 오른 가격에 매수한다.
> 4. 결국 대중에 따른다.
> – 전세레버리지 투자는 당장 성과가 보이지 않기 때문에 망설이게 된다.
> – 핵심에 집중하고 대중을 따라가고 싶은 마음을 억누르라.
> – 핵심에 집중하면 설사 좋지 않은 시점에 매수했다 하더라도 세월이 지난 후에 최소한 보상이라도 얻을 수 있다.
> – 재테크 동호회 친구의 말을 믿지 마라! 최소한 따져 봐라.

출처: 《부동산 투자의 정석》

나의 블로그 서평을 보고 '서평' 쓰는 방법에 대해 조언을 구하는 이웃들이 많다. 정리와 서평의 차이는 무엇일까? 나의 기준은 '읽는 사람의 생각이 나타나 있느냐 아니냐'이다. 지금도 내가 쓰는 리뷰가 서평이라고 불릴 만한 수준인지 부끄러울 때가 많지만 나름의 생각을 넣어 리뷰를 쓰려고 노력한다. 물론 처음부터 내 의견을 쓸 수 있던 것은 아니었다. 처음 책을 읽기 시작할 때는 정리하기에 급급했고, 아는 것이 없으니 저자의 말이 맞는지 틀린지 판단할 기준도 없었다. 하지만 시간이 지나 많은 책을 읽고, 많은 정보를 접하면서 서서히 의견이 생겼다. 그때부터 정리가 아니라 의견을 넣은 리뷰를 쓸 수 있게 됐다. 대부분의 사람들이 서평에 의견을 덧붙이는 걸 어려워한다. '왜 나는 못 쓰지'라고 포기하지 말고, 차근차근 책을 읽어 나가다 보면 어느 순간 자신의 의견을 넣어 서평을 작성하는 날이 올 것이다.

의견을 넣은 서평을 작성하기 위해서 정리노트를 한 번 더 업그레이드한다. 책을 읽다 보면 한 가지 주제에 대한 저자의 의견이 여기저기 흩어져 있는 경우가 많다. 같은 주제에 대해 언급한 것을 한 곳에 모아 보면 저자의 의견을 명확히 이해할 수 있고, 본인의 의견 또한 명확해져 서평에 덧붙일 수 있게 된다.

사실과 의견을 구분해서 읽는 연습을 해야 한다. 특히 어떠한 기준을 갖고 시장을 예측하는 애널리스트의 책을 읽을 때 중요한 부분이다. 팩트는 무엇이고, 저자의 의견은 무엇인지 확실하게 구분하며 읽는다. 저자의 의견을 무조건 받아들이기보다 비판적으로 분석해 보는 것이 필요하다. 책을 썼다고 해서 그 사람의 생각이 모두 맞는 건 아니기 때문이다. 다른 사람의 의견을 비판적으로 읽고, 자신의 의견을 덧붙이면 단순한 정리가 아닌 좋은 서평이 된다.

어느 순간부터 내 블로그에 저자들의 방문이 늘고 있다. 내가 올린 서평을 읽으러 방문했다가 댓글을 남겨 주는 사람도 많다. 저자의 댓글이 달리면 나 역시 영광되고 흥분된다. 댓글을 통해 오프라인에서 만나 인연을 맺은 저자들도 많다. 나의 서평이 책 선택에 참고가 된다는 댓글이 달릴 때면 더 객관적으로 서평을 작성해야겠다는 책임감마저 든다. 많은 사람들에게 책을 고르는 시간과 노력을 아껴 주고 싶다는 작은 사명감에서 시작한 일이며, 최대한 객관적으로 쓰기 위해 모든 책을 사서 읽는 원칙을 고수하고 있다. 책을 고를 때 서평을 참고한다는 사람이 많아질수록 부담감이 커지는 것도 사실이다. 처음에는 부담 없이 매겼던 추천지수도 신중해진다. 하지만 많은 사람들의 시간과 노력을 아껴 준다는 생각으로 오늘도 열심히 책을 읽고 서평을 남긴다.

부동산 공부는
지리 공부다

"부동산 공부를 해 보고 싶은데 어느 지역부터 봐야 할까요?"

"서울에 살아 본 적도 없는데 그래도 부동산 공부는 서울부터 해야겠죠?"

"강남에 집을 사는 것이 목표라서 강남만 열심히 알아보려고요. 그래도 괜찮죠?"

"제가 사는 동네는 집값이 안 올라서 관심이 없고, 그렇다고 잘 아는 동네도 없는데 어디를 공부해야 할까요?

부동산 공부라는 것이 결국에는 사람이 살고 싶은 '집'을 공부한다는 뜻이다. 가격이 오를 집이라는 것은 사람들이 가장 살고 싶은 집이기도 하다. 그러면 사람들이 살고 싶어 하는 곳은 어디일까? 다들 생각하듯 서울, 그중에서 강남, 맞다. 강남 집 한 채는 부의 상징이 되어 버렸다. 다른 곳에 투자했다 하더라도 결국에는 다 팔고 강남에 집 한 채 사는 것을 목표로 하는 사람도 많다. 그렇지만 처음부터 강남에 집을 살 수 있는 사람은 많지 않다. 그런 능력이 된다면 굳이 힘들게 공부하려고 하지도 않을 테지만….

 집값을 결정하는 요인들로 입지, 직주, 학군, 환경 등 여러 요소들이 있다. 다양한 요건을 완벽하게 충족하는 곳이 가장 비싼 것은 당연하다. 그것이 서울의 강남인 것도 분명하지만 한두 가지 요건만 갖춰져도 살기에 만족스런 곳도 있다. 어떤 지역이 사람들이 살기 좋은 지역인지 공부하고 싶다면 지금 내가 살고 있는 지역, 우리 집부터 생각해 보면 쉽다. 지금 살고 있는 지역에 왜 오게 됐는가? 그 동네에서 집을 구할 때 어떤 기준으로 알아봤는가? 많은 집들 중에서 이 집을 선택한 이유는 무엇인가? 아마도 나에게 가장 중요한 조건을 충족하는 집으로 구했을 것이다. 여러분이 집을 구할 때 고려한 것들을 생각해 보면 오를 만한 집의 기준도 쉽게 찾을 수 있다.

case	기준
"아이 키우기 힘들어 친정 옆으로 이사 왔어요."	이 경우는 친정부모님이 그 집을 왜 선택했는지 알아보면 당시 입지적인 장점을 파악할 수 있다.
"직장이 가까워서 살고 있어요."	집을 선택하는 가장 중요한 조건 중에 하나인 직주 근접에 해당된다.
"직장은 조금 멀지만 직장까지 가는 교통편이 좋아요."	직주 근접을 하고 싶지만 직장 근처에 집이 비싸기 때문에 그나마 직장에 가기 편리한 교통수단이 있는 곳으로 집을 구한 경우이다. 일종의 직주 근접에 해당된다.
"선호하는 학교가 있고, 학원가도 잘 돼 있어요."	학군이 중요한 선택 요소가 된 경우이다.
"주변에 공원이나 산책로가 잘 돼 있어요."	환경이 중요한 기준이 된 경우이다.
"단지 내에 없는 것이 없어요. 커뮤니티가 잘 돼 있고 심지어 조식도 나옵니다."	신축 대단지 아파트가 중요한 기준이 된 경우이다. 최근에는 신축 아파트 자체가 중요한 기준이 되기도 한다.

많은 사람들이 공감하는 몇 가지 예에서 중요하다고 생각되는 입지 요건이 모두 언급됐다. 이번에는 조금 더 깊이 생각해 보자.

"지하철역에서 걸어서 5분 거리에 있는 20년 된 30평대 아파트와 걸어서 10분 거리에 있는 20평대 신축 아파트 전세가가 같다면 여러분은 어떤 집을 선택할 건가요?"

"동네에 전부 20-30년 된 낡은 아파트만 있는데 2020년식 새 아파트가 지어진다면 여러분은 어떤 선택을 할 건가요?"

"같은 아파트에서 앞이 뻥 뚫린 20층과 앞이 막힌 5층이 1억 차이가 난다면 어떤 아파트를 선택할 건가요?"

이 질문에 대한 대답이 바로 부동산 공부를 통해 배워야 할 지식이다. 대답이 쉽게 나온다면 이미 집을 고르는 안목이 있는 사람이다. 다만 주의해야 할 점이 있다. 내 선택이 다수의 선택과 다를 수 있다는 점이다. 내가 선택한 조건들이 다른 사람들과 비슷하다면 당신은 오르는 부동산을 선택할 수 있는 안목을 갖고 있다. 하지만 내가 선택한 조건이 다른 사람들이 선택하는 것과 다르다면 당신이 선택한 아파트는 남들보다 덜 오를 가능성이 높다. 이렇듯 다수의 사람들이 선택하는 기준을 알아가는 것이 부동산 공부다. 지금껏 당신이 선택한 집이 가격이 덜 오르거나 혹은 내려갔다면 특별히 더 공부를 해야 한다. 지금까지와 같은 기준으로 아파트를 선택한다면 앞으로의 결과도 비슷할 것이기 때문이다.

강남에 집을 사는 것이 최종 목표라고 해도 공부는 우리 동네부터 시작해야 한다. 지금 살고 있는 지역만큼 잘 아는 곳은 없다. 사람들이 많이 가는 상가는 어디에 있는지, 학원은 어디에 많이 몰려 있는지, 어느 학교를 가장 보내고 싶어 하는지, 어느 아파트 가 교통이 편한지 누구보다 잘 안다. 이러한 기준을 활용해 우리 동네에서 오를 만한 아파트를 고르고 지금까지 그 아파트의 시세 변화를 확인해 본다. 내가 생각한 대로 집값이 오르고 있는 아파 트라면 잘 선택한 것이다. 그 아파트를 선택하기 위해 활용한 기 준은 다른 지역에 적용해도 대체로 맞아떨어진다. 대부분의 사람 들도 비슷한 기준으로 집을 고르기 때문이다.

한 지역의 집값은 다른 지역의 집값과 연동되어 움직인다. "엉 덩이가 가벼워야 돈을 번다"는 말도 있다. 한 지역에, 한 집에 오 래 살았다는 것이 미덕은 아니다. 아이가 초등학교에 들어가기 전까지는 일 년마다 이사를 다니겠다는 사람도 있다. 이사하는 게 즐거워서 세운 목표는 아닐 것이다. 더 많은 지역에 살아 보겠 다는 의지와 열정이라고 생각한다. 특히 부동산 투자로 돈을 벌 고 싶은 사람이라면 더욱 엉덩이가 가벼워야 한다. 아무리 공부 를 많이 해도 그 지역에 살아 본 사람만큼 잘 알기는 힘들다. 많 은 지역을 알수록 더 많은 기회를 잡을 수 있는 것은 당연하다. 부동산 공부는 지리 공부에서 시작한다고 해도 과언이 아니다. 여행을 가더라도 맛집과 볼거리만 찾지 말고 그 지역의 부동산 을 가 보는 습관을 들여 보자. 자차로 드라이브 하는 것보다 마을 버스나 택시를 타고 동네를 둘러보고, 택시기사님께 동네에 관한 얘기를 물어보며 지역을 공부해 보자. 부동산 공부에서 지역을 많이 아는 것은 강력한 무기임은 틀림없다.

조선시대 실학자 이중환이 쓴 지리서 '택리지'의 이름을 딴《부자의 지도 다시 쓰는 택리지》는 우리 동네 구석구석을 소개하는 책이다. 지리서의 이름을 딴 이유가 충분하다. 서울 각 구의 역사, 변화 과정 그리고 앞으로 발전이 기대되는 요소까지 세세하게 나열돼 있다. 지리책이나 소설책을 읽는 것처럼 편안하고 재미있게 읽힌다. 해당 지역을 방문할 때, 이 책을 들고 가면 지역 전문가를 동행한 듯한 느낌을 받을 수 있다. 서울에 인접한 구리, 의정부, 안양, 광주 지역까지 언급됐다. 지역마다 거주하기에 편한 부분과 불편한 부분이 분명 있기 마련이다. 지금은 사람들이 선호하는 지역이 아니지만 향후 발전 가능성이 높은 곳, 남들보다 먼저 그곳을 알아보는 사람이 기회를 잡는다.

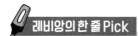

레비앙의 한 줄 Pick

강남권에서 가성비가 가장 높은 **잠원동**
영등포 최고의 주거지이자 교통의 요지인 **당산동**
성북구의 과거와 미래가 있는 **장위동**
구리시의 대치동, **수택동**　　　　《부자의 지도 다시 쓰는 택리지》중에서

독서법 & 정리법

《부자의 지도 다시 쓰는 택리지》, 김학렬(빠숑), 베리북, 2016.

독서법 | 정독
정리법 | 지역별로 구분해서 하나의 표로 정리하기

지역별로 입지를 설명하는 책은 정리의 기준을 '구' 혹은 '동'으로 삼는게 좋다. 예를 들어 1장에서는 10개구의 교통편, 2장에서는 10개구의 학군편, 3장에서는 10개구의 랜드마크편 이런 식으로 구성된 책이 있다면 일단 A4 10장을 펼쳐 놓고, 맨 위에 10개구를 적는다. 1장에서 강남구에 대해 언급한 내용, 2장, 3장에서 각각 강남구에 대해 언급한 내용을 한 장에 모아서 정리한다. 어떤 지역을 처음 공부할 때는 그 지역만 집중해서 보게 되는데 정리한 것을 보면서 각각의 지역을 더욱 자세하게 공부할 수 있다. 그런 후 지도를 펼쳐서 인접한 지역을 확인하고 주변 지역을 하나씩 공부해 나간다. 책을 읽으면서 지역별로 차곡차곡 정리노트를 만들어 두고, 해당 지역을 방문하기 전에 정리노트를 읽어보면 새로운 지역을 방문해도 절대 낯설지 않게 느껴질 것이다.

강동구
고덕동, 둔촌동 등 재건축 – 단일 지차체로는 사상 최대 규모 동시 22,000세대 이주

입지 인사이트	과거의 공공기관 역할을 한 곳에 관심을 가져라 : 명일동
	원터공원 : 주거지로도 상업지로도 활용도가 높은 위치
	전철역 종점에 주목 – 연장 시 중간역이 된다.
	5호선 확장 시 : 상일동역
	9호선 확장 시 : 종합운동장역
	8호선 확장 시 : 암사역
	대규모 재건축으로 새롭게 변모하는 곳에 주목 – 고덕동, 둔촌동
	이케아 입점 예정지에 주목 – 광명, 고양, 고덕동

강동구의 진짜 대장주 – 상일동 고덕3-7단지 재건축
저자 최고의 관심 지역 명일원터공원, 상일동산, 고덕천 사이 3-7단지는 전형적인 배산임수지역 교통 편리성 우수 5호선, 9호선 하남이라는 거대한 배후도시를 두게 됨 교육환경도 서울 전 지역에서 매우 수준 높음 각종 편의시설 – 강동경희대병원, 강동아트센터, 문화유적지 삼성엔지니어링 입주 – 첨단업무벨트조성 중 단순한 강남권의 베드타운이 아닌 직주 근접의 주거지가 형성되는 것임

강동구 최고의 주거지 고덕동
강동구에서 가장 먼저 택지개발 주거단지가 생기고 가장 먼저 재건축 시작한 곳 고덕주공1단지 – 고덕아이파크 (2011년 2월 입주) 고덕시영아파트 – 고덕래미안힐스테이트 (2017년 2월 입주) 고덕상업업무 복합단지 – 보금자리주택 + 대규모 상업시설 개발

1000세대 이상 아파트
& 랜드마크 아파트 찾기

'레비앙 블로그 시리즈'에 있는 글들은 부동산 책을 읽고 더 공부해야겠다고 생각한 분야를 실제 조사해서 정리한 것이다. 책을 읽다 보면 '이 부분은 좀 더 알아봐야겠네'라는 생각이 들 때가 있다. 대부분의 사람들은 생각만 하고 책을 덮는다. 하지만 남들과 달라야 그들보다 앞서 나갈 수 있음은 당연한 이치다.

계속 언급했지만 책을 읽기만 하는 것보다 정리하며 읽는 것이 훨씬 좋다. 또한 단순히 정리만 하는 것보다 지식을 확장해 나가는 것이 더욱 좋다. 부동산 관련 책을 읽다가 더 알아봐야겠다는 생각이 든다면 '제대로 한번 파헤쳐 볼까?'라고 접근해 보자. 나의 블로그 시리즈도 한두 편으로 끝나는 경우는 거의 없다. 그중 '철도 파헤치기'의 경우 철도 호재라는 한 분야에 대해 무려 29개의 글이 모였다. 제대로 공부해 보니 그동안 대충 알고 아는 척을 했다는 반성도 하게 된다.

요즘은 각종 블로그에 친절하게 올라가 있는 자료를 손쉽게 다운받아 활용할 수 있는 시대이다. 또한 앱이나 정보 사이트를 활용하면 손쉽게 자료를 모을 수 있다. 이런 시대에 수기로 자료를 정리하는 사람을 보면 스마트하지 않다고 생각할 수도 있다. 하지만 나는 손쉽게 얻을 수 있는 자료를 두고 하나하나 입력하며 정리하는 것을 좋아한다. 책을 읽으면서 정리하는 것과 같은 원리이다. 정리하면서 읽으면 다시 읽지 않아도 될 만큼 책의 내용이 머리에 각인된다. 내가 직접 입력한 아파트 이름과 숫자들은 어떤 것보다 확실하게 기억에 남는다. 다 외우지 않더라도 파일을 열면 더 빠르고 정확하게 기억이 떠오른다. 바로 이런 자료들이 중요한 용도로 활용된다. 쉽게 얻을 수 있는 자료에 익숙해지다 보면 자기만의 자료를 만드는 일을 소홀히 하기 쉽다. 남들이

다 아는 정보는 핵심 정보일 수 없다.

　입지에 관한 책을 읽은 후 사람들이 선호하는 입지 조건을 알아보고 싶었다. 단순하게 '내가 그 동네로 이사를 간다면 어떤 아파트부터 보러 갈까?'를 생각했다. 많은 조건들이 떠오르지만 우선 그 동네에서 가장 세대수가 많은 아파트부터 보러 갈 것 같았다. 사람들이 많이 사는 아파트라면 당연히 학교가 가까이 있을 것이고, 주위에 편의시설이 많고, 단지 앞에는 버스정류장도 있을 것 같고, 나중에 지하철역이 생긴다면 사람들이 많이 사는 아파트 앞에 생길 확률이 높아 보였기 때문이다. 그러면 몇 세대 정도가 되어야 대단지라고 할 수 있을까? 적어도 500세대 이상은 되고, 1000세대 이상이면 좋겠다는 생각을 했다. 내가 살던 동네에 1000세대 이상 아파트를 조사했다. 결과적으로 나의 예상이 맞아떨어졌다. 생각보다 1000세대 넘는 아파트가 많지 않았고, 심지어 어떤 동은 1000세대 넘는 대단지 아파트가 없는 곳도 있었다. 기대했던 대로 대단지 아파트 가까이에는 학교가 있고, 버스정류장은 물론이고 지하철역이 가까운 곳도 많았다. 심지어 동네 대장아파트 역할을 하곤 했다. 재건축, 재개발로 신축이 된 아파트가 세대수까지 많다면 입주와 동시에 동네 대장아파트가 되는 건 당연지사이다.

시작한 김에 서울 1000세대 이상 아파트를 모두 알아보기로 마음먹었다. 시작은 했지만 결코 쉬운 일은 아니었다. 생각보다 시간도 많이 걸렸다. 아파트만 찾은 게 아니라 아파트 위치를 지도에 일일이 표시하며 공부했다. 지금까지 내가 공부한 것 중에서 지역을 이해하는 데 가장 도움이 된 것을 꼽으라고 한다면 망설임 없이 '1000세대 이상 대단지 찾기'를 꼽는다. 물론 독자들은 레비앙 블로그에 있는 포스팅을 보며 공부하는 것도 가능하지만 내 손으로, 내 눈으로 확인해야겠다고 결심하면 좋겠다. 동네에서 대장아파트가 어디인지, 왜 그 아파트가 대장인지 아는 것은 입지 분석의 기본이다. 지도에서 대장 아파트의 위치를 확인하는 과정은 입지 요소의 유기적인 연관성을 파악하는 매우 중요한 작업이다.

서울시에는 25개의 구가 있다. 한강을 기준으로 강남에 11개, 강북에 14개 구가 있다. KB리브온 사이트를 접속해서 '지역-서울특별시-강남구'를 클릭하면 제일 먼저 개포동이 검색된다. 오른쪽 상단 부분에 '세대수순'을 클릭하면 세대수가 높은 순서대로 정렬이 된다.

• 강남구 1000세대 이상 단지 찾기 •

서울특별시 > 강남구 > 읍/면/동 　　　　직접입력 🔍

개포동 Click	논현동	대치동
도곡동	삼성동	세곡동
수서동	신사동	압구정동
역삼동	율현동	일원동
자곡동	청담동	

출처: KB리브온 (2020.5 기준)

조건에 맞는 총 21개의 단지가 있습니다.

가나다순 | 매물수순 | 최근준공순 | 세대수순 ▼ Click

개포1차지구(주공1단지)
재건축 · 준공 · 1982.11 · 총 5,040세대 ·
총 124개동 · 35~61㎡ 🔄 평
매매 132 | 전세 0 | 월세 0

🏢 KB시세·실거래가 보기　　♡ 　22

은마
재건축 · 준공 · 1979.08 · 총 4,424세대 ·
총 28개동 · 98~115㎡ 🔄 평
매매 322 | 전세 361 | 월세 152

🏢 KB시세·실거래가 보기　　♡ 　23

• 강남구 개포동 1000세대 이상 단지 •

강남구 개포동		
아파트명	**세대수**	**준공연도**
개포주공1단지	5040	1982.11
개포주공4단지	2840	1982.11
래미안블레스티지	1957	2019.2
대치	1758	1992.10
디에이치아너힐스	1320	2019.8
주공고층6단지	1060	1983.10
주공고층5단지	940	1983.10
주공고층7단지	900	1983.10

개포동에서 세대수가 제일 많은 단지는 개포주공1단지로 1982년 입주했고, 무려 5040세대이다. 현재 '디에이치 퍼스티어 아이파크'로 재건축이 진행되고 있다. 이어서 개포주공4단지로 총 2840세대이고, '개포프레지던스자이'로 재건축이 진행 중이다. 래미안블레스티지는 개포주공2단지가 재건축된 것으로 총 1957세대이다. 1000세대가 넘는 단지가 신축으로 들어섰으니 시세를 이끄는 아파트로 위풍당당 위용을 뽐내고 있다.

1000세대가 넘는 아파트를 표로 정리해 보니 개포동에는 8개가 있었다. 주공고층5, 7단지는 1000세대가 넘지는 않지만 지도를 확인하면 왜 리스트에 넣었는지 알 수 있다. 주공 5, 6, 7단지가 나란히 붙어 있어 재건축이 된다면 대단지로서의 시너지가 충분히 예상되기 때문이다. 눈썰미가 있는 사람이라면 주공 5, 6, 7단지에는 고층이라는 단어가 붙었음을 발견했을 것이다. 주공 1-4단지는 저층이어서 재건축이 추진됐고, 이제 고층 재건축이 남았다는 것을 알 수 있다.

동네에서 대단지 위상을 뽐내는 아파트라면 당연히 가격도 비싸다. 실제로 대단지 아파트는 시세를 이끌곤 하는데, 간혹 1000세대가 안 되는 아파트임에도 시세가 높게 형성됐다면 신축일 가능성이 높다. 오래된 아파트가 많은 동네에 신축이 들어서면 당연히 시세가 높게 형성된다. 단기간에는 신축 아파트가 대장이

• 지도를 보며 위치 확인하기 •

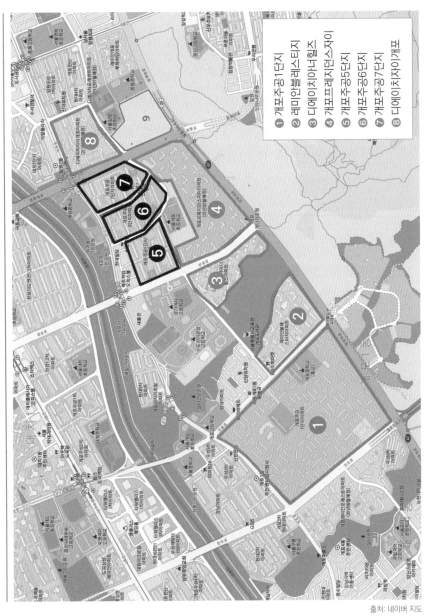

1 개포주공1단지
2 래미안블레스티지
3 디에이치아너힐즈
4 개포프레지던스자이
5 개포주공5단지
6 개포주공6단지
7 개포주공7단지
8 디에이치자이개포

출처: 네이버 지도

되지만 언제까지나 신축은 아니라는 점을 기억해야 한다. 입지가 조금 떨어지지만 신축이라는 매력으로 단기간 대장 자리를 차지할 수 있을지 몰라도 신축의 매력이 떨어지면 입지가 좋았던 기존의 대장이 다시 주목받게 된다. 신축의 매력이 떨어지는 시기는 대개 5년-7년으로 보며, 신축이 귀한 경우 10년 정도까지도 본다. 하지만 신도시처럼 신축이 계속 들어오는 곳은 입주 5년만 지나도 구축 아파트 취급을 받는데 송도가 대표적인 예이다.

시간과 노력을 들여 자료를 조사하고 지도에서 확인하는 과정을 통해 입지 보는 눈이 길러진다. 쉬운 방법만 찾으려 하지 말고 귀찮고 힘들어도 직접 해 보려는 습관은 여러분을 성장하게 할 것이다.

• 참고자료 : 강남구 1000세대 이상 단지와 정비사업 이슈 정리 •

개포동			
아파트명	세대수	준공	이슈
개포주공1단지	5040	1982.11	분양
개포주공4단지	2840	1982.11	관리처분
래미안블레스티지	1957	2019.2	신축
대치	1758	1992.10	리모델링
디에이치아너힐스	1320	2019.8	신축
주공고층6단지	1060	1983.10	추진위
주공고층5단지	940	1983.10	추진위

주공고층7단지	900	1983.10	추진위
대치동			
은마	4424	1979.08	추진위
래미안대치팰리스 1단지	1278	2015.09	신축
한보미도맨션(2차)	1232	1984.11	추진위
한보미도맨션(1차)	1204	1983.10	추진위
대치삼성(래미안)	960	2000.07	
도곡동			
도곡렉슬	3002	2006.01	
타워팰리스(1차)	1297	2002.10	
역삼럭키	1094	1995.12	
타워팰리스(2차)	813	2003.02	
수서동			
까치마을	1404	1993.09	리모델링
신동아	1162	1992.10	
압구정동			
현대(신현대)	1924	1982.05	추진위
한양(1차)	936	1977.12	추진위
미성(2차)	911	1987.12	추진위
역삼동			
역삼래미안	1050	2005.10	
임원동			
푸른마을	930	1994.01	

래미안개포루체하임	850	2018.11	신축
자곡동			
강남한양수자인	1304	2014.03	
래미안포레	1070	2014.03	
래미안강남힐즈	1020	2014.06	
청담동			
청담삼익	888	1980.04	관리처분
삼성동			
삼성동힐스테이트1단지	1144	2008.12	
삼성동힐스테이트2단지	926	2008.12	

*논현동 세곡동 신사동 율현동 일원동 청담동은 1000세대 이상 단지 없음.
(2020.5.11기준)
(일부 동은 이해를 위해 1000세대 미만 단지도 표시함)
**2000년대 지어진 아파트라면 리모델링을 제외하면 신축 이슈는 당분간 불가능하며
1990년대 이전에 지어진 아파트면서 재건축 혹은 리모델링 이슈가 아직 없는 아파트라면
향후에 나올 이슈를 관심 있게 보면 좋을 듯
***정비사업 초기 단계(정비구역지정 혹은 추진위원회)인 아파트는 사업이 진행되려면
오랜 시간이 걸릴 것으로 예상되므로 긴 호흡으로 지켜보면서 매수 타이밍을 노려도 좋을 듯

4장

부동산 정보

: 데이터! 기본만 제대로 활용해도 된다

부동산 투자를 성공으로
이끄는 좋은 도구

'빅데이터 시대'에 걸맞게 엄청난 정보들이 넘쳐 난다. 부동산에 관심이 있는 사람이라면 스마트폰에 빅데이터 관련 앱이 3-4개 정도는 기본적으로 깔려 있다. 잘 알려진 앱으로는 '호갱노노', '아파트실거래가', '부동산지인' 등이 있다. 시세를 파악하는 중요한 정보인 국토부 실거래가, 미래 가격을 예측하는 데 중요한 정보인 입주물량, 투자자들의 동향을 파악하는 데 중요한 정보인 거래량 등은 거의 모든 앱이나 사이트에서 확인이 가능하다.

여기서 한 가지 의문이 생긴다. 이런 앱이나 사이트가 생기기

전에는 어떻게 데이터를 수집하고 활용했을까? 부동산 빅데이터를 분석한 앱이 나온 것은 그리 오래 전이 아니다. 최근 몇 년간 시세 상승이 계속되면서 부쩍 많아졌다. 최근에 부동산 공부를 시작한 사람들은 빅데이터를 제공하는 앱을 잘 활용하고 있겠지만 이전부터 데이터를 활용한 사람들은 엑셀파일에 보관된 자료를 업데이트하며 직접 그래프를 그려 활용했다. 자료를 활용하기 쉬워졌을 뿐 사용되는 자료는 예전이나 지금이나 크게 달라지지 않았다. 앱이나 사이트의 자료는 대부분 국토부, 통계청, 한국감정원, KB리브온에서 제공하는 것들을 기반으로 한다. 데이터베이스 중에서 가장 많이 활용되는 것은 KB시계열자료이다. KB리브온 사이트에서는 매주, 매월 자료가 업데이트 되어 올라온다. 모두가 볼 수 있어 내가 원하면 언제든 가공해서 사용할 수 있다. 누구에게나 공개된 자료를 활용할 것인지, 나만의 자료를 만들며 기회를 먼저 잡을 것인지는 여러분 스스로 선택할 수 있다.

시계열자료를 다운받아 읽기를 권하면 엑셀은 전혀 사용할 줄 모른다며 고개를 절레절레 흔드는 사람들이 많다. 엑셀을 사용할 줄 아는 사람도 굳이 시계열자료를 열어 보려고 하지 않는다. 엑셀을 사용할 줄 아느냐 모르냐는 크게 중요하지 않다. 새로운 것을 맞닥뜨릴 때마다 내 영역은 아니라고 선을 그으면 더 큰 방향으로 나아갈 수 없다. 부동산 공부라는 것 자체가 새로운 도전이다. 장애물이 있을 때마다 피하거나 돌아가려고 하면 원하는 목적지에 도달하기 전에 포기하게 될 수도 있다. 간혹 목적지에 도달한다고 해도 너무 늦게 왔다고 후회할 수도 있다. 엑셀 정도는 그러한 장애물이라고 치부하기에 너무 사소하지 않은가! 지금 바로 시계열을 열어서 차근차근 읽어 보자. 엑셀로 그래프를 그려 보고 싶다면 인터넷 사이트에 '엑셀로 표 그리기' 한 번만 검색하면 쉽게 배울 수 있는 영상들이 가득하다.

시계열 안에는 굉장히 많은 통계 자료가 들어 있다. 매매지수, 전세지수, 매수우위지수, PIR(가구당 연소득대비 매매가격의 비율), 중위가격 등등 많은 자료를 바탕으로 주간주택가격동향과 월간주택가격동향 보고서가 제공된다. 부동산 공부를 시작하는 사람들에게는 주간주택가격동향과 월간주택가격동향 보고서를 먼저 보길 추천한다. 숫자보다는 글로 해석된 자료를 읽으면서 주택시장의 흐름에 가까워져야 한다. 주간주택가격동향과 월간주택가격동향 보고서가 익숙해지면 그때부터는 본격적으로 보고서의 기본 데이터베이스인 시계열을 보면서 자기만의 그래프를 그려 본다. 그저 주어지는 그래프만 보다가 자신이 직접 그래프를 그려 보면 와닿는 정도가 다르다. 상상력을 발휘해 자료를 가공해 보고 싶은 마음까지 생긴다. 부동산 공부를 하려면 데이터와 가까워지는 습관을 들여야 한다.

대부분의 사람들은 수많은 데이터와 그래프를 보며 이걸 어떻게 활용할까 걱정부터 한다. 전문가는 이 많은 데이터를 보면서 투자할 곳을 고를 거라 생각하고, 파이썬(프로그램을 설계하는 프로그래밍 언어 중 하나) 같은 프로그램을 잘 다룰 줄 알아야만 효과적이라고 생각한다. 물론 그런 사람도 일부 있겠지만 대부분은 2-3가지 데이터를 집중적으로 활용해 큰 흐름을 결정하고, 다른 데이터들을 보조적으로 활용한다. 따라서 처음부터 많은 데이터를 모두 활용해야 한다는 부담은 가질 필요가 없다. 그럼에도 불구하고 너무 어렵다고 생각하는 사람들에게 쉬우면서도 중요한 데이터를 활용하는 방법을 알려 주는 책이 있다. 《부동산 투자 흐름이 정답이다》를 읽고 나면 나만의 데이터를 만들 수 있을 것 같은 자신감이 생길 것이다. 데이터를 직접 가공할 수 있다면 부동산 투자를 성공으로 이끄는 좋은 도구를 하나 장착하는 것과 다름없다. 처음부터 욕심 내지 말고 가장 쉬운 것부터 시작해 보자.

 레비앙의 한 줄 Pick

부동산에 입문하는 사람들이 처음부터 짧은 시간에 너무 많은 것을 하려다 보니 빨리 지치기도 하고 혼란스러움을 많이 느끼기도 한다. 공급물량, 부동산 정책, 개발호재, 입지, 학군, 재개발·재건축 등 부동산에 영향을 미치는 요인들을 다 습득하려고 하는 것은 욕심이다. 그래서 우선 처음에는 공급물량과 가격 변화에만 초점을 맞추고 공부할 것을 추천한다.

《부동산 투자, 흐름이 정답이다》 중에서

독서법 & 정리법

《부동산 투자 흐름이 정답이다》, 김수현, 한국경제신문i, 2018.

독서법 | 정독
정리법 | 데이터 직접 그려 보기

데이터 활용과 관련된 책을 읽는 방법은 생각보다 어렵지 않다. 책을 읽다 자료 출처가 있다면 해당 사이트에 무조건 접속해 본다. 사이트만 접속했다고 해서 자료가 바로 눈에 들어오는 것은 아니다. 나중에 들어가 보려고 사이트 주소만 적어 뒀다가 어느 카테고리인지 못 찾고 창을 닫는 경우가 많다. 데이터를 확인하거나 다운받을 때는 휴대전화로는 접근이 불가한 경우가 있으니 가능하면 PC를 활용하는 것이 좋다.

사이트에 들어갔다면 아주 쉬운 것부터 그래프를 그려 본다. 한 번만 그릴 줄 알면 그 다음은 수치를 바꿔 넣기만 하면 되므로 간단한 작업이다. 숫자로 빼곡한 표가 그래프로 변하는 순간의 성취감을 한번 느껴 보길 바란다. 자신이 그린 그래프가 어느 블로거의 글에서 본 것이라면 그 쾌감은 몇 배가 될 것이다.

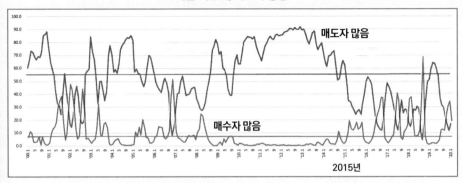

• 서울 매수자/매도자 동향 •

매도자 많음

매수자 많음

2015년

위의 그래프는 내가 직접 매수자/매도자 동향을 그려 본 것이다. 그래프를 그리고 난 후에는 어떻게 해석하면 좋을지 요리조리 생각해 보는 시간이 필요하다. 같은 자료라도 어떤 기준으로 보느냐에 따라 다르게 해석된다. 누군가 해석해 주는 것만 읽다 보면 스스로 생각하는 능력을 상실하게 된다. 어떤 기준으로 자료를 해석할지 스스로 그 기준을 찾기 위해 노력해야 한다. 남들이 몰라보는 기준점, 기준선을 찾게 되면 누구보다 빠르고 정확하게 타이밍을 찾을 수 있다.

연도를 자세히 보니 패턴이 보인다. 두 선의 사이가 많이 벌어져 있는 기간은 2009-2014년이다. 이 시기 부동산 시장은 거의 암흑기와 같았다. "부동산은 끝났다"라는 인식과 함께 매매가가 전세가에 가까워져도 누구도 집을 사려 하지 않았다. 2015년 이후 그래프를 보면 두 선이 만났다 벌어졌다를 반복하고 있다. 2015년 이후부터 본격적으로 집값이 상승했고, 20번이 넘는 규제정책에 의해 식었다 불 붙었다를 반복했다. 이런 패턴을 하나하나 찾아 나가는 것이 부동산의 흐름과 안목을 기르는 방법이다. 더 이상 자료 보는 것을 두려워하지 말고 지금! 당장! 도전해 보길 바란다.

KB주택가격동향보고서 읽기

'초보에게 친절한 레비앙'이라는 별명이 붙은 이유

나는 부동산 공부를 책으로 시작했고, 경제기사를 읽으며 공부했다. 책으로 기본 지식을 쌓는 동안 특강이나 강의를 따로 듣지 않았다. 대신 책과 신문이라도 제대로 보자는 마음으로 시간과 노력을 들여 꼼꼼히 읽었다. 그렇게 공부했을 뿐인데 시장의 흐름이 보이기 시작했고, 사면 좋을 것 같은 아파트가 눈에 들어오기 시작했다.

많은 책에서 주간주택가격동향이나 월간주택가격동향을 읽어 보라고 권했지만 어떻게 읽어야 할지 알려 주는 책은 없었다. 아는 사람에게는 굳이 설명할 필요가 없는 내용이겠지만 초보자가 이해하기에는 분명 어려웠다. 처음 보고서를 읽을 때는 이해되지 않는 부분이 많았지만 해석해 보려고 노력하면 할수록 더 많은 것들을 이해할 수 있게 됐다.

처음 보고서를 읽었을 때의 막막함을 알기에 자세한 설명을 블로그에 적어 '초보에게 친절한 레비앙이 알려 주는 월간주택가격동향 읽는 법'이라는 글을 썼다. 블로그 글 중에 가장 많은 조회수를 기록한 글이기도 하다. 설명을 보며 보고서를 읽으니 이해가 잘 된다는 댓글을 보고 보람을 느꼈다. 그렇게 '초보에게 친절한 레비앙'이라는 별명을 갖게 됐다.

각종 앱이나 사이트에서 가장 많이 활용되는 데이터는 KB에서 제공하는 시계열자료이다. 자료에 접근하는 경로는 다음과 같다.

● KB리브온 사이트 https://onland.kbstar.com ●

- **주간주택가격동향시계열**
  : KB리브온 〈 뉴스/자료실 〈 주간KB주택가격동향 〈 WeeklySeries(시계열).xlsx
- **월간주택가격동향시계열**
  : KB리브온 〈 뉴스/자료실 〈 월간KB주택가격동향 〈 Top ★시계열자료 2020.0월 기준(1986년 1월부터).xlsx

---

시계열로 된 엑셀파일이 어렵게 느껴진다면 그 자료를 해석해서 만든 보도자료나 보고서를 먼저 읽어 본다. 경로는 다음과 같다.

- **보도자료**

  : KB리브온〈뉴스/자료실〈주간KB주택가격동향〈0월 0일 기준 『[주간]kb부동산 Livv ON주택시장동향』조사결과〈KB부동산_보도자료

- **보고서**

  : KB리브온〈뉴스/자료실〈월간KB주택가격동향〈2020.0월 『월간 KB주택가격동향』조사결과〈(월간)KB주택가격동향보고서.pdf

---

누구에게나 처음은 어렵다. 맨땅에 헤딩하면서 시행착오를 겪어 나가야 한다. "나는 안 돼"라고 포기하는 사람과 "그래도 한번 해 보자"라고 도전하는 사람의 미래는 차이가 크다.

이제 '초보에게 친절한 레비앙'과 함께 KB월간주택가격동향을 읽어 보려 한다. 처음이라 잘 이해되지 않는 부분이 있더라도 설명을 보며 차근차근 따라 오길 바란다. 잘 모르는 것도 자꾸 보다 보면 어느새 익숙해지기 마련이다. 그럼 KB월간주택가격동향에서 가장 많이 참고하는 몇 가지를 함께 살펴보자.

1. 지역 구분

대한민국은 한 개의 특별시(서울시), 특별행정구역(제주도, 세종시), 6개 광역시(인천, 대전, 부산, 울산, 광주, 대구), 7개의 도(경기, 충북, 충남, 전북, 전남, 경북, 경남, 강원) 등으로 행정구역이 나뉘어 있다. KB

에서 발간되는 자료는 전국, 수도권, 5개 광역시, 기타 지방으로 지역을 구분해 보고서를 작성한다. 주의할 점은 6개 광역시에서 인천은 수도권으로 구분해 자료를 제공한다는 점이다. 따라서 자료에서 수도권은 서울, 경기, 인천광역시 수치가 포함되며, 5개 광역시 수치가 따로 제공됨에 유의해야 한다.

2. 주택가격동향

주택가격동향은 매매가격동향과 전세가격동향으로 구분된다. 주택가격동향은 전체적인 개황, 지역별(수도권, 5개 광역시, 기타 지방), 주택유형별(아파트, 단독주택, 연립주택)가격동향으로 세분화했다. 매매가격이나 전세가격의 전체적인 증가 혹은 감소의 흐름을 파악하는 데 활용한다. 특히 '매매가격 주요 상승 및 하락 지역'을 참고하면 해당 월에 거래가 활발했던 곳을 파악하는 데 유용하다.

수도권 매매가격 주요 상승 및 하락 지역 (단위: %)				
지역		전월비	주요 상승 지역	주요 하락 지역
서울	강북 14개구	0.07	종로구(0.25) 중구(0.16)	
	강남 11개구	-0.03	구로구(0.11) 관악구(0.05)	강남구(-0.26) 서초구(-0.08)
인천		0.42	미추홀구(1.1) 연수구(0.61)	동구(-0.07)
경기		0.28	성남 중원구(1.76) 안산 단원구(1.34)	일산서구(-0.3) 과천시(-0.16)

5개 광역시 매매가격 주요 상승 및 하락 지역			(단위: %)
지역	전월비	주요 상승 지역	주요 하락 지역
부산	-0.01	사상구(0.14) 수영구(0.12)	북구(-0.17) 사하구(-0.15)
대구	0.08	수성구(0.14) 달서구(0.14)	
광주	0.30	광산구(0.25) 북구(0.34)	남구(-0.05)
대전	0.41	서구(0.78), 동구(0.5)	
울산	0.09	북구(0.14) 울주군(0.13)	동구(-0.11)
기타 지방 매매가격 주요 상승 및 하락 지역			(단위: %)
세종	0.21		
강원	-0.15		원주(-0.27) 춘천(-0.01)
충북	0.02	청주 흥덕구(0.13), 청주 청원구(0.07)	충주(-0.07) 청주 상당구(-0.05)
충남	0.13	아산(0.41), 천안 서북구(0.07)	공주(-0.05)
전북	0.01	순천(0.01)	익산(-0.04) 전주 완산구(-0.02)
전남	-0.02		목포(-0.07)
경북	-0.09		구미(-0.21) 경산(-0.06)
경남	-0.05		전주(-0.15) 김해(-0.06)

출처: KB월간주택가격동향 (2020.05월 기준)

3. 시장동향

시장동향은 거래가 잘 되는지 안 되는지 파악하기에 유용한 수치이다. 매매(또는 전세)시장동향, 매매(또는 전세)거래동향, 매매(또는 전세)가격전망지수 세 가지로 구분돼 있다. 매매와 전세로 구분해 제공하고 해석은 같다. 매매를 기준으로 설명해 보겠다.

① 매매시장동향

아래는 매수우위지수를 나타낸 표이다. 100 이상이면 매수하려는 사람(매수자)이 많고, 100 이하면 매도하려는 사람(매도자)이 많다는 것으로 이해하면 된다. 매수자가 많다는 것은 거래가 활발하고, 상승쪽으로 생각하는 사람이 많다는 의미로 해석이 가능하다. 매매시장동향을 꾸준히 보면 시장 분위기가 좋은 쪽으로 변하는지 반대로 변하는지 흐름을 파악할 수 있다. 마지막 줄의 매수우위지수를 보면 2019년 12월부터 2020년 3월까지 70을 넘나들다가 4월 이후 꺾이는 모습을 확인할 수 있다.

매매시장동향										(비중단위:%)
	연도별동향			최근월별동향						
	17.5	18.5	19.5	19.11	19.12	20.1	20.2	20.3	20.4	20.5
매도자 많음 비중	52.0	60.9	77.6	54.0	46.2	45.3	43.7	38.0	47.1	47.6
매수자 많음 비중	8.3	3.0	1.5	12.5	16.2	13.4	15.5	12.3	5.5	7.2
비슷함 비중	39.8	36.1	20.8	33.4	37.5	41.4	40.8	49.7	47.4	45.2
매수우위지수	56.3	42.1	23.9	58.5	70.0	68.1	71.8	74.3	58.3	59.6

출처: KB월간주택가격동향 (2020.05월 기준)

② 매매거래동향

아래는 거래가 활발하게 이루어지고 있느냐 아니냐를 보여 주는 '매매거래지수'를 나타낸 표이다. 지수가 100을 초과할 수록 거래가 활발, 100에 못 미칠수록 거래가 한산하다는 의미로 이해하면 된다.

매매거래동향										(비중단위:%)
	연도별동향			최근월별동향						
	17.5	18.5	19.5	19.11	19.12	20.1	20.2	20.3	20.4	20.5
활발함 비중	1.3	0.2	0.2	2.6	3.2	2.6	3.6	1.3	0.7	1.1
보통 비중	16.3	6.6	4.2	20.4	23.2	21.4	24.8	14.7	8.7	12.4
한산함 비중	82.4	93.2	95.6	76.9	73.6	76.0	71.6	84.0	90.7	86.5
매매거래지수	18.9	7.1	4.7	25.7	29.6	26.7	31.9	17.2	10.1	14.6

출처: KB월간주택가격동향 (2020.05월 기준)

③ 매매가격전망지수

향후 3개월 후 아파트 매매가격에 대해 중개업자들이 어떻게 전망하는지를 수치로 표현한 것이다. 지수가 100 이상이면 상승, 100이면 보합, 100 이하면 하락을 전망하는 의견이 높다고 이해하면 된다. 광주를 제외한 전국 대부분 지역이 100에 가까운 수치를 보인다. 특히 인천과 대전의 전망지수가 다른 지역에 비해 높은 점이 눈에 띈다.

KB부동산 매매가격 전망지수										(비중단위:%)
	전국	서울	부산	대구	인천	광주	대전	울산	경기	기타지방
크게 상승	0.2	0.1	0.0	0.0	0.3	0.0	0.0	0.0	0.0	0.6
약간 상승	14.1	8.2	4.8	14.8	23.8	5.7	24.3	19.3	18.1	14.4
보합	69.5	68.5	70.5	69.3	71.2	68.5	72.8	68.5	70.2	68.7
약간 하락	16.1	22.9	24.7	16.0	4.7	25.8	2.9	12.2	11.6	16.1
크게 하락	0.2	0.4	0.0	0.0	0.0	0.0	0.0	0.0	0.1	0.2
KB부동산 매매가격 전망지수	99.0	92.4	90.0	99.4	109.8	89.9	110.7	103.6	103.1	99.5

출처: KB월간주택가격동향 (2020.05월 기준)

4. 평균매매가격과 중위가격

평균가격과 중위가격은 조금 다르다. 평균가격은 전체주택의 가격을 합해서 전체주택수로 나눈 값, 말 그대로 매매가격의 평균값을 구한 것이다. 중위가격은 전체주택을 가격별로 줄 세운 다음 가장 가운데에 있는 가격을 말한다. 수치를 얻은 방법은 차이가 있지만 실제 수치 자체가 크게 차이 나는 것은 아니다.

서울 아파트 평균가격이 9억을 넘었다고 한다. 고가주택을 판단하는 기준이 9억인데 이미 평균가격을 넘었다는 것은 평균적으로 고가주택임을 인정하는 셈이 된다. 고가주택의 기준을 9억보다 상향해야 한다는 기사가 자주 나오는 이유로 볼 수 있다.

주요 지역 평균매매 및 평균전세가격								(단위: 만 원)
		전국	서울	인천	5개 광역시	수도권	경기	기타 지방
매매 가격	종합	36,666	70,130	23,913	26,949	48,303	36,718	18,865
	아파트	39,398	91,530	28,949	29,118	55,076	39,216	17,766
전세 가격	종합	21,994	37,454	16,454	17,322	28,054	23,383	12,398
	아파트	25,024	48,656	20,846	20,070	32,896	26,215	13,339

주요 지역 중위매매 및 평균전세가격								(단위: 만 원)
		전국	서울	인천	5개 광역시	수도권	경기	기타 지방
매매 가격	종합	34,185	70,119	21,374	22,746	46,933	34,745	15,267
	아파트	36,786	92,013	25,833	24,961	55,206	37,958	15,100
전세 가격	종합	20.204	34,876	15,860	15,107	26,491	22,408	10,420
	아파트	23,490	45,447	20,793	17,985	31,581	25,746	11,892

출처: KB월간주택가격동향 (2020.05월 기준)

5. 5분위가격

전체주택가격을 줄 세운 다음 아래 가격부터 5개의 그룹으로 나눈 뒤 각 그룹의 평균가격을 구한 수치이다. 제일 싼 주택부터 하위 20%를 1분위, 하위 20%에서 40%까지 2분위, 40%에서 60%까지 3분위, 60%에서 80%까지 4분위, 80%에서 가장 비싼 주택까지를 5분위로 구분한다.

제일 싼 주택	20%	40%	60%	80%	제일 비싼 주택
1분위	2분위	3분위	4분위	5분위

5분위배율은 5분위가격을 1분위가격으로 나눈 값으로 고가주택과 저가주택의 가격격차를 나타낸다. 수치가 높을수록 가격격차가 심해서 양극화가 우려된다고 이해하면 된다. 자신이 살고 있는 주택의 가격대와 비슷한 수치를 확인하면 자신이 살고 있는 집(자가 혹은 전세)이 몇 분위에 속하는지 대략 알 수 있다. 내가 살고 있는 집이 11억 정도라면 서울에서 4분위(상위 40%)에 해당된다. 10억이 넘는데 상위 40%라니 조금 놀라는 사람도 있을 것이다. 서울에 10억 넘는 집이 많다는 의미로 해석할 수 있다. 서울에서 5분위(상위20%) 주택가격의 평균이 18억 4,298만 원이라고 나온다. 최소 20억은 넘어야 상위 10%에 들어갈 것으로 보인다. 로또에 당첨 되도 서울아파트도 못 산다는 말이 실감이 난다.

주요 지역별 5분위 평균주택가격 (단위:만 원, 배, 종합기준)						
		1분위	2분위	3분위	4분위	5분위	5분위배율
전국	매매	11,306	19,700	29,419	45,490	84,780	7.5
	전세	8,062	14,654	20,774	29,210	48,039	6.0
서울	매매	35,090	63,025	84,458	110,440	184,298	5.3
	전세	20,336	33,441	42,432	54,285	85,208	4.2

5개 광역시	**매매**	10,857	17,790	23,849	32,038	54,145	5.0
	전세	7,733	13,116	17,492	22,718	36,322	4.7
수도권	**매매**	18,368	31,185	46.369	68.490	116,827	6.4
	전세	12,942	21,619	28,752	38,820	61,969	4.8
기타 지방	**매매**	6,553	10,761	14,696	20,311	38,349	5.9
	전세	4,862	8,673	12,080	16,005	27,726	5.7.

출처: KB월간주택가격동향 (2020.05월 기준)

6. 매매가격 대비 전세가격 비

우리가 흔히 알고 있는 '전세가율'을 말한다. 2013-2015년 즈음 매매가가 본격적으로 오르기 전 전세가만 지속적으로 오르던 시기가 있었다. 일부 지역에서는 전세가율이 90%가 넘는 지역도 있었다. 전세가율이 90%라는 의미는 전세를 끼고 집을 사는 데 집값의 10%만 있으면 된다는 뜻이다. '갭투자'라는 용어가 생긴 이유이기도 하다. 최근에는 전세가율이 70% 이하로 떨어졌다는 기사가 큰 뉴스처럼 보도되기도 했다. 전세가율이 70%라면 전세를 끼고 집을 사려면 집값의 30%는 현금이 있어야 한다는 뜻이다. 5억짜리 집을 사려면 전세를 맞추고도 현금 1억 5,000만 원이 더 있어야 한다. 전세가율이 낮아질수록 전세를 끼고 집을 사기는 힘들어진다.

전세가율이 상승하는 경우는 두 가지로 생각할 수 있다. 전세가가 높아지는 경우와 매매가가 하락하는 경우이다.

매매가가 하락해서 전세가율이 상승한 곳이라면 왜 매매가가 하락했는지를 파악하는 것이 우선이다. 일시적 요인(규제, 코로나19 등)이나 싸게 살 수 있는 방법(급매, 경매, 증여 등)으로 갭이 작아진 것이라면 상관없지만 향후에도 매매가가 떨어질 요인이 있는 곳이라면 투자를 해서는 안 되기 때문이다.

매매가는 그대로인데 전세가가 상승해서 갭이 좁아지는 경우가 있다. 2013-2015년의 경우인데 그 후 매매가가 꾸준히 상승해 전세가율은 점차 낮아졌다. 전세가율이 낮아지면서 적은 자본으로 주택을 매수하는 갭투자는 수도권에서 더 이상 힘든 투자법으로 여겨졌다. 하지만 2020년이 되면서 분위기는 달라졌다. 대규모 입주로 전세가 약세가 예상됐던 송파구 헬리오시티, 강동구 고덕주공아파트 재건축 단지들이 입주를 마치면서 수도권의 전세가는 점점 올라가기 시작했다. 이러한 결과는 수치로도 나타났다. 2020년 1월부터 4월까지 투기과열지구 3억 원 이상 주택매입거래 5만 3491건 중 임대 목적의 거래는 2만 1096건으로 지난해 같은 기간 거래량 대비 124.8% 급증했다는 국토부 발표가 있었다.(2020.6.7.) 임대 목적 주택 거래 중에는 월세 소득을 위한 거래도 있지만, 상당수가 전세를 끼고 집을 사는 갭투자일 것으로 추정된다는 기사였다. 정부가 원하던 매매가 하락보다는 전세가가 더 많이 상승하게 된다면 또다시 서울과 수도권에 갭투자가 가능해지는 게 아니냐는 분석도 나오기 시작한다. 이렇게 되면 높게 올라간 매매가가 더 이상 떨어지지 않고 주택가격이 상향 평준화되는 부작용도 생길 수 있다. 전세가가 높아지는데 매매가가 그 이하로 떨어질 리는 없다. 매매가가 떨어지기만 바라고 무주택으로 기회를 보고 있던 사람들에게는 기회가 오지 않을 수도 있다는 의미이다.

지역별 매매가격 대비 전세가격 비							(단위: %)
	전국	서울	강북	강남	5개 광역시	수도권	경기	기타 지방
종합	64.9	58.0	59.3	56.8	65.0	63.4	66.2	68.2
아파트	69.0	54.8	56.9	52.8	69.9	65.0	69.3	76.6
단독	45.9	42.9	43.4	42.0	44.7	44.0	45.2	48.5
연립	68.5	68.9	70.2	67.6	67.8	68.3	66.8	71.3
최근 매매가격 대비 전세가격 비 추이(전국 기준)							(단위: %)
	19.10	19.11	19.12	20.1	20.2	20.3	20.4	20.5
종합	66.1	66.0	65.8	65.7	65.5	65.1	64.9	64.9
아파트	70.5	70.5	70.2	70.0	70.0	69.2	69.0	69.0
단독	46.2	46.2	46.2	46.1	46.1	46.0	45.6	45.9
연립	68.9	68.9	68.9	68.8	68.7	68.6	68.5	68.5

출처: KB월간주택가격동향 (2020.05월 기준)

7. PIR

가구당 연소득 대비 매매가격의 비율을 PIR이라고 한다. 3분위 PIR이 10이라고 하면 월급을 한 푼도 쓰지 않고 10년을 모아야 3분위에 해당하는 집을 살 수 있다는 뜻이다. 한 푼도 쓰지 않고 모아야 한다는 단서가 붙은 것에 유의해야 한다. 대부분의 사람들은 월급을 한 푼도 쓰지 않고 모을 수는 없다. 월급의 반을 꼬박꼬박 모아도 집을 마련하는 데 20년이 걸린다는 뜻이다. 내 소득이 3분위라고 해서 3분위에 해당하는 주택만 사고 싶은 것은 아니다. 소득은 3분위지만 5분위(상위20%)에 해당하는 주택을 사고 싶다면 얼마나 걸릴까? 32.7이라고 써 있는 것을 보니 월급을 한 푼도 안 쓰고 모으면 약 32년 7개월, 50%씩 모으면 약 65년 4개월이 걸린다. 물론 집값이 상승하는 비율만큼 월급도 오른다는 가정하에서다.

만약 월급이 오르는 폭보다 집값이 훨씬 큰 폭으로 상승하면 어떻게 될까? 집값이 크게 상승하는 시기에 PIR도 크게 상승한다. '10년만 모으면 되겠지' 하고 열심히 모았는데 '이제 13년쯤 걸리겠어'라고 뒤통수를 얻어맞는 격이다. 이제는 '월급만 모아서는 서울에 집을 장만하는 것은 불가능하다'는 얘기에 대부분 고개를 끄덕인다. 부모에게 물려받을 재산이 없으면 서울에 내 집을 갖는 것은 그저 꿈일 수도 있다. 그래서 '금수저'라는 신조어가 생겼는지도 모르겠다. '내 자식은 자기 능력으로 집을 마련할 수 있게 잘 키우면 되지'라고 생각할 수도 있지만, 마음 한켠으로 '물려줄 집 한 채는 있었으면 좋겠다'라고 생각하는 사람들이 많을 것이다. 솔직히 나 역시 같은 마음이니까.

주택매매가격 및 소득분위별 PIR						(단위: 만 원, 배)
	평균매매가격 가구연소득(도시)	1분위	2분위	3분위	4분위	5분위
		34,754	61,988	80,541	109,899	184,999
서울 1분위	1,887	18.4	32.8	42.7	58.2	98.0
2분위	3,900	8.9	15.9	20.6	28.2	47.4
3분위	5,655	6.1	11.0	14.2	19.4	32.7
4분위	7,758	4.5	8.0	10.4	14.2	23.8
5분위	13,766	2.5	4.5	5.9	8.0	13.4

출처: KB월간주택가격동향 (2020.05월 기준)

가구연소득이 1,887만 원인 1분위소득자가 서울 상위 20%들이 소유한 아파트를 사려면 무려 98년이 걸린다. 월급을 한 푼도 안 쓰고 모아야 98년이니까 약 200년이 걸려도 안 된다는 말이다. 이 정도면 그들만의 리그라는 생각이 들 만하다.

가구연소득 평균을 보고 내 소득이 어느 분위에 속하는지 먼저 살펴보자. 맞벌이 부부의 합산 연소득이 7,758만 원 근처라면, 4분위 즉, 중산층이라고 볼 수 있다. 그들이 대한민국 아파트 4분위에 속하는 평균적인 아파트를 사려면 약 14.2년이 걸린다. 생활비도 있어야 하니 월급의 반씩 모은다고 하면 약 28년 정도 걸린다. 소득상위에 속하는 5분위라고 해서 내 집 마련 고충이 없는 것은 아니다. 5분위인 부부합산 연소득 1억 3,000만 원인 사람들도 그 연봉을 받는 사람들이 평균적으로 사는 주택을 구입하려면 약 13.4년이 걸린다. 월급의 반을 모으면 약 27년이 걸리니 그들의 고충도 만만치 않다.

단, 여기서 한 가지 생각해 볼 점이 있다. 1분위와 5분위 사람들 중에서 월급의 반을 모으는 게 누가 더 쉬울까? 일 년에 1,800만 원을 버는 1분위는 일 년에 100만 원을 저축하기도 힘들다. 최저생계비를 생각해 보면 고개가 끄덕여질 것이다. 하지만 일 년에 1억 3,000만 원을 버는 5분위는 월급의 반인 6-7,000만 원을 모으는 게 그리 어려울까? 10년이면 6-7억 이상 저축이 가능한 사람들이 몰려 있는 강남에서 현금 10억이 필요한 줍줍(무순위 청약을 일컫는 신조어)에 누가 줄을 설지는 예측 가능하다. 10억이라는 돈의 무게는 사람마다 다르게 느껴질 수 있다.

"돈은 나만 없다"라는 말은 부동산을 공부하는 사람이라면 누구나 공감한다. 내 소득 기준으로 집값을 보면 터무니없이 비싸게 느껴지지만 어떤 사람에게는 대출받아 살 만한 수준의 집값으로 여겨질 수 있기 때문이다.

자주 쓰는 데이터 정리하기

레비앙 블로그에 '데이터 모음'이라는 카테고리가 있다. 시계열 자료에서 특히 관심 있는 데이터를 그래프로 그려 보거나, 국토교통부에서 매월 제공하는 데이터를 모아 두는 공간이다. 많은 자료들 중에서 내가 주로 활용하는 자료를 몇 가지 소개한다.

1. KB시계열 – 매매가격증감률

부동산 시장의 흐름을 확인하는 데 가장 좋은 자료이다. 이 자료를 올리자 직접 만든 줄 알고 감탄했다는 사람도 있었다. 직접 만들 필요 없이 KB에서 훌륭하게 만들어 제공하고 있다. 다만 시계열을 눌러 본 적이 없거나, 열어 봤어도 세세한 탭을 눌러 본 적이 없는 사람, 탭은 눌러 봤는데 스크롤을 올려 본 적이 없어서 한 번도 못 봤던 사람들이 더 많을 것이다. 여러분이 생각하는 것보다 훨씬 다양한 자료들이 곳곳에 숨어서 활용해 주기를 기다리고 있다.

　진하기가 짙을수록 상승의 정도가 강한 것으로 해석하면 된

● 2012 아파트 매매가격증감률 ●

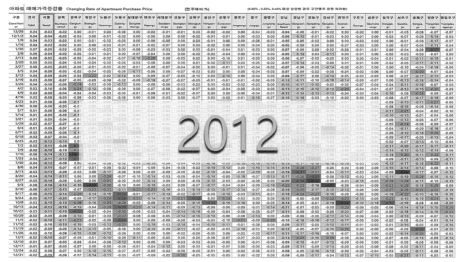

출처:KB리브온

● 2018 아파트 매매가격증감률 ●

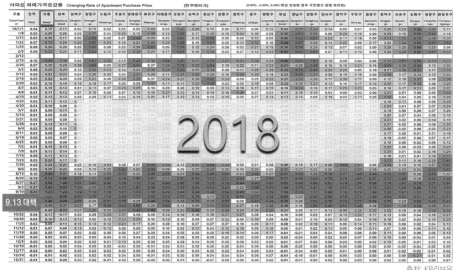

출처: KB리브온

다. 직관적으로 부동산의 흐름을 파악할 수 있는 좋은 자료이다. 2012년 서슬퍼런 부동산 시장에 용감히 들어가 집을 산 사람들은 2018년 붉은 기운을 미소 지으며 만끽했으리라.

2. KB시계열-중위주택가격

중위가격은 주택가격을 순서대로 나열했을 때 가장 중앙에 위치하는 가격이다. 중위가격의 변화는 뉴스기사로도 많이 언급된다. 중산층을 대표하는 가격이라는 의미도 있고, 지역별 격차를 통해 양극화를 설명하는 개념으로도 활용된다. 아래 그래프에서 볼 수 있듯이 지역 간 중위가격의 격차는 점점 크게 벌어지고 있다. 서울, 그중에서도 강남 11구의 중위가격은 가파르게 올랐다. 반면 6개 광역시와 기타 지방, 경기 지역은 거의 변화가 없다.

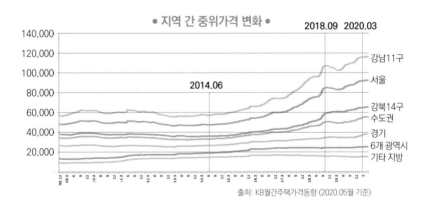

출처: KB월간주택가격동향 (2020.05월 기준)

아래 표는 중위가격의 증감률을 자세히 살펴보기 위해 중위가격 격차가 가장 적은 2014년과 2020년을 비교한 것이다. 지난 6년 동안 서울의 중위가격은 약 2배 정도 상승했다. 강남11구의 경우는 2배가 넘는 상승률을 보였다. 6개 광역시의 경우 6년간 겨우 33% 상승하는 데 그쳤다. 서울과 지방 간의 양극화를 제대로 보여 주는 수치이다. 특히 집을 사지 않고 임대로 머물렀던 사람들에게는 충격으로 다가올 결과이다.

이 책을 읽고 있는 여러분은 6년 동안 얼마를 저축했는가? 6년 전에 서울에 집을 샀다면 집값만큼의 불로소득을 얻었을 것이다. 수도권에 내 집을 마련한 사람과 서울에 내 집을 마련한 사람 간의 자산 차이도 크게 벌어졌을 것이란 추측도 가능하다. 막연히 집값이 올랐다고 생각하는 것과 수치로 확인하는 것은 다르다. 부동산 공부를 하면서 데이터를 보는 습관이 필요한 이유이다.

● 서울과 지방 간 중위가격 증감률 ●   단위: 만 원, %

	서울	강북14개구	강남11개구	6개 광역시	수도권	경기
2014.6	47,400	35,759	57,167	18,841	32,919	26,322
2020.5	92,013	65,036	115,866	25,146	55,206	37,958
증가율	194	182	203	133	168	144

3. 국토교통부 – 보도자료

국토교통부 홈페이지(www.molit.go.kr)에서는 분야별로 보도자료를 발표한다. 부동산과 관련된 보도자료는 '국토교통부 〈 뉴스·소식 〈 보도자료 〈 주택토지' 게시판에서 확인할 수 있다.

　매월 공지되는 자료 중에 반드시 확인해야 하는 자료는 입주예정, 미분양, 인·허가 착공 준공 관련 보도자료이다. 한 달에 딱 한 번만 시간을 내서 자료를 정리하면 부동산 시장의 흐름을 놓치지 않을 수 있다. 미분양, 준공 후 미분양 수치를 과거부터 확인하고 싶다면 국토교통부통계누리사이트(https://stat.molit.go.kr)에서 다운받아 확인할 수 있다.

● 국토교통부 보도자료 ●

출처: 국토교통부 (2020.04월 기준)

국토교통부통계누리 〈 주택 〈 승인통계 〈 미분양주택현황보고 〈 시군구별미분양현황(공사완료 후 미분양 현황, 규모별 미분양 현황 등 도 확인 가능) 클릭 〈 오른쪽 메뉴에서 통계관련파일(미분양주택현황 2020년4월말)_통계누리★(완).xlxs 클릭하면 자세한 수치를 확인 할 수 있다.

미분양 물량의 흐름은 해당 지역의 부동산 시장 사이클을 파악 하는 데 매우 중요한 데이터이다. 서울시 미분양 물량은 2013년 4,000세대를 정점으로 계속 줄었다. 2013년 이후 무려 5년 동안 평균선을 넘기기는커녕 미분양이 0에 수렴하고 있다. 서울 부동 산 시장은 2015년부터 지금까지 상승세를 이어가고 있다. 물론 다른 요인과 규제들이 복합적으로 작용하지만 미분양 물량은 상

● 서울시 미분양 흐름 ●

출처:국토교통부통계누리 (2020.5월 기준)

승이냐 하락이냐의 추세를 확인하는 데 중요한 지표로 참고할 수 있다.

    좀 더 자세히 알고 싶은 지역이 있다면 통계청에서 지역별 미분양 물량을 확인한다. 미분양 물량이 최고조에 달하는 시기에 해당 지역의 부동산 시장은 정체기를 맞는다. 주인을 찾지 못해 남아도는 아파트가 많은데 집값이 오른다는 것은 어불성설이다. 하지만 점차 미분양 물량이 줄어드는 분위기가 포착된다면 가장 싸게 살 수 있는 타이밍이기도 하다. 미분양 물량만 보고 매수, 매도 타이밍을 판단할 수는 없지만 많은 사람들이 참고하는 자료임에는 분명하다.

    미분양과 더불어 확인해야 할 것이 준공 후 미분양이다. 준공 후 미분양은 '악성미분양'으로도 불린다. 분양 이후에도 아파트가 남는 것을 말한다(지금과 같이 100대 1이 넘는 로또 분양 시기는 예외). 분양 당시에 주인을 찾지 못했더라도 입주 시점까지 2-3년이라는 기간 동안 주인을 찾을 가능성이 높다. 하지만 공사를 마치고도 주인을 찾지 못한 아파트는 그럴 만한 이유가 있기 때문에 향후에도 계속 공실로 남을 가능성이 있다. 미분양은 줄고 있더라도 준공 후 미분양이 늘거나 줄어들지 않고 있다면 특별한 이유가 있는지 확인해 보는 것이 좋다.

4. KB 선도아파트 50지수

선도아파트란? 매년 12월을 기준으로 선정된 시가총액 상위 50 개 단지를 말한다.

한 달에 한 번 KB월간주택가격동향이 발표될 때마다 선도아파트 50지수를 인용한 기사가 보도된다. 시가총액이 높은 순이다 보니 비싸거나 대단지인 아파트들이 표본으로 들어간다. 미래가치를 반영하고 있는 재건축 대상 아파트, 최고가를 경신하고 있는 신축 아파트, 지역의 전통적인 대장아파트들이 선도아파트 50에 포함된다. 예를 들어 고가 신축을 대표하는 반포 아크로리버파크, 재건축 대상 아파트의 상징인 대치동 은마아파트, 대구의 대장 황금동 롯데캐슬골드파크 등이 있다.

시장에서는 매매가 상승의 흐름은 대장아파트에서부터 시작된다고 파악한다. 선도아파트들이 먼저 상승 혹은 하락하고, 시장 전반으로 분위기가 퍼져 나간다고 보기 때문에 시장의 흐름을 예상하는 자료로 활용된다. 2020년 상반기 선도아파트 50지수는 전월 대비 마이너스를 이어 가고 있다. 계속되는 규제정책과 코로나19로 부동산 시장의 침체된 분위기가 지수로 나타난 것이다. 하지만 6월 들어 지수가 반등하기 시작한다. 7월에는 무려 3.21이라는 엄청난 반등을 보였다. 잠시 수치를 거슬러 올라가 보면 2018.9.13 대책이 나왔던 9월 KB 선도아파트 50지수는 무려 5.43이었다. 2019.12.16대책이 나왔던 12월 KB 선도아파트

50지수는 3.86이었다. 2020.7.10대책이 나오기 직전 발표된 7월 선도아파트 50지수는 3.21이다. KB 선도아파트 50지수의 반등과 규제정책 발표가 겹치는 것을 그저 우연의 일치로 볼 수는 없을 것이다.

● KB 선도아파트 50지수 ●

년도	지수	전월비	전년동월비
2018.1	86.1	4.23	21.15
2	89.5	3.98	25.63
3	92.6	3.42	29.46
4	93.2	0.70	29.75
5	93.4	0.19	28.46
6	93.4	0.00	25.19
7	93.2	−0.15	23.48
8	94.9	1.77	21.58
9	100.0	5.43	28.59
10	101.6	1.54	28.93
11	101.8	0.18	26.53
12	101.0	−0.71	22.36
2019.1	100.0	−1.03	16.18
2	98.5	−1.51	10.05
3	97.4	−1.15	5.18
4	96.9	−0.48	3.94

5	97.2	0.33	4.09
6	98.0	0.80	4.93
7	101.7	3.75	9.04
8	103.2	1.54	8.79
9	104.4	1.15	4.38
10	107.0	2.47	5.34
11	108.8	1.65	6.88
12	113.0	3.86	11.81
2020.1	113.9	0.83	13.91
2	114.3	0.34	16.03
3	114.1	−0.13	17.23
4	113.1	−0.91	16.73
5	112.4	−0.64	15.60
6	113.0	0.56	15.32
7	116.6	3.21	14.72

출처: KB월간주택가격동향 (2020.7월 기준)

5. 그 외에 추천하는 보고서

KB경영연구소에서는 매년 '한국 부자 보고서'라는 이름으로 리포트를 발간하고 있다. 하나금융연구소에서도 '한국 부자 리포트'라는 이름으로 비슷한 보고서가 발간된다. 다음 경로를 통해 들어가면 원문을 다운받을 수 있다.

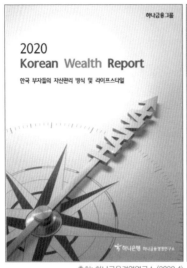

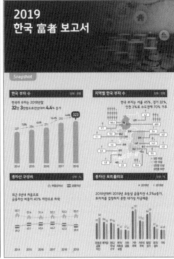

출처: 하나금융경영연구소 (2020.4)   출처: KB경영연구소 (2019.9)

- KB경영연구소 홈페이지(https://kbfg.com) 〈 연구보고서 〈 고객분석
- 하나금융경영연구소 홈페이지(www.hanaif.re.kr) 〈 연구보고서 〈 금융산업분야

    부자가 아니더라도 부자들의 투자 성향을 파악할 수 있는 흥미로운 보고서이다. '부자가 되려면 부자의 줄에 서라'라는 말도 있다. 부자들은 시장의 흐름을 남들보다 빠르게 알아채는 사람이라고 한다. 부자들이 어느 줄에 서 있는지 읽어 보는 것도 흥미로울 것이다.

비판적으로
읽을 줄 알아야 한다

부동산 관련 책 저자가 현직 혹은 전직 애널리스트라면 조금 다른 방식으로 읽기를 추천한다. 애널리스트는 직업 특성상 분석과 예측을 한다. 분석을 위해 자료를 활용하는데 여기서 한 가지 생각해 봐야 할 점이 있다. 분석과 예측에 활용한 자료의 신빙성, 그리고 저자가 주관적인 해석을 할 가능성이다.

각종 통계자료의 수치 자체는 팩트(Fact)이다. 국가 기관에서 제공하는 자료는 신뢰성을 보장하기 때문에 많은 사람들이 참고로 활용한다. 하지만 글을 쓰는 사람의 입장에서는 서울의 전세가율이 70%라는 통계청의 자료를 보고, '서울의 전세가율이 70%나 된다'라고 쓸 수도 있고, '서울의 전세가율이 70%밖에 안 된다'라고 쓸 수도 있다. 수치는 달라진 것이 없지만 저자의 의도에 따라 선택하는 단어가 달라질 수 있고 이는 큰 차이가 되기도 한다.

분석이나 예측에 가장 많이 활용되는 주간(월간)주택가격동향은 KB리브온과 한국감정원에서 매월 확인할 수 있다. 같은 시기 같은 항목이지만 두 기관에서 발표하는 수치는 조금씩 다르다. 어떤 달에는 수치 차이가 제법 커서 뉴스에 보도되기도 한다. 민간기관인 KB리브온에서는 서울 아파트의 중위가격이 9억을 넘었지만 한국감정원에서는 9억 미만이라고 발표되기도 한다. 글을 쓰려는 의도에 따라 선택하는 자료가 다를 수 있다는 뜻이다. 신뢰도를 보장받는 국가기관 자료가 아니거나, 국가기관이 조사한 자료지만 검증이 덜 되어 일반에 공개되지 않은 자료를 활용했다면 더욱 비판적인 시각으로 읽어야 한다.

대부분의 독자들은 책에서 제시된 자료나 저자의 의도를 의심하지 않고 맹목적으로 받아들이는 경향이 있다. 하지만 자료나 수치들이 자의적인 해석이 가능하다는 것을 알면 책을 다르게 읽어야 한다. 애널리스트의 책을 읽을 때에는 저자가 활용한 자료의 출처를 확인하고, 저자가 타깃으로 하는 독자의 유형을 파악한 후에 읽는 것이 좋다.

최근 부동산 시장에 참여하는 사람들은 크게 세 부류로 나눌수 있다. 주택수를 기준으로 이제 막 부동산에 관심을 가진 초조한 무주택자, 갈아타기를 고민하는 1주택자, 규제로 꽉 막힌 다주택자이다. 어떤 독자를 타깃으로 했느냐에 따라 책의 내용이 달라진다. 다주택자를 겨냥해 더 이상 집을 사지 말라는 의견을 무주택자가 읽고 그대로 믿는다면 기회를 날릴 수도 있다. 무주택자를 겨냥해 지금 내 집 마련을 하라는 책을 다주택자가 읽고 규제지역의 주택을 추가 매수하면 오히려 낭패를 겪을 수도 있다.

상승장이 이어지거나, 하락장이 계속된다는 확신이 있다면 사람들은 불안해하지 않을 것이다. 미래를 알 수 없기에 불안하고, 불안함을 조금이라도 줄이기 위해 예측에 매달린다. 애널리스트는 예측을 하는 사람들이다. 시장의 상황이 조금이라도 바뀌면 누가 맞았느니, 누구의 예측이 터무니없다느니 하는 자극적인 기사들이 나오곤 한다. 하지만 예측이 맞든 틀리든 나름의 근거를 갖고 예측을 이끌어 냈다는 점만으로도 여러분의 의사결정에 도움이 되었을 것이다. 그들의 예측을 믿을지 말지는 독자 스스로 판단해야 할 일이며, 예측한 사람을 비난할 일은 아니다.

부동산 분야에서 활발하게 활동하는 애널리스트는 4-5명 정도에 불과하다. 각각의 애널리스트는 부동산을 보는 시각이 뚜렷하게 구분되는 편이다. 꾸준히 상승론을 펴는 사람도 있고, 꾸준히 하락론을 펴는 사람도 있다. 내가 상승론자라면 당연히 상승론을 갖고 있는 애널리스트의 글이 편하게 다가올 것이고, 하락론을 펼치는 글을 읽으면 불안하고 불편해질 것이다. 하지만 자기 입맛에 맞는 글만 읽으면 생각이 한쪽으로 치우쳐 판단을 그르치기 쉽다. 자기가 듣고 싶은 것만 추구하는 것은 인간의 기본적인 심리이다. 하지만 어느 한쪽에 치우치는 것은 스스로를 작은 우물에 가두는 일이다. 반대편에 서서 혹시나 있을지도 모르는 가능성을 준비하는 것도 나쁘지 않다. '몸에 좋은 약은 입에 쓰다'라는 말처럼 나와 같은 의견을 내는 저자도 좋지만 반대 의견을 내는 저자의 책도 읽으면서, 다양한 가능성을 고려하는 열린 자세가 필요하다.

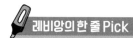

레비앙의 한 줄 Pick

자본주의 사회에서 내 집을 갖는 것은 곧 경제적 시민권을 획득하는 것이다. 구매력이 있다면 내 집 마련은 빠를수록 좋다. 실수요자는 지금이라도 똑똑한 아파트 한 채로 경제적 시민권을 보유하는 게 중요하다. 시장의 역습을 당하지 않으려면 지금 바로 전셋집을 구하기보다는 집 한 채를 사야 한다.

《오윤섭의 부동산 가치투자》 중에서

독서법 & 정리법

《**오윤섭의 부동산 가치투자**》, 오윤섭, 원앤원북스, 2018.
《**부의 지도**》, 이상우, 한빛비즈, 2018.
《**다시 부동산을 생각한다**》, 채상욱, 라이프런, 2019.

독서법 | 비판적 읽기
정리법 | 근거 자료, 주장, 타깃 독자, 강조점 등을 요약하며 읽기

예측을 담은 책을 읽을 때는 아래와 같은 방법으로 읽기를 추천한다.

1. 저자가 활용한 자료의 출처를 확인하고 원본을 찾아본다.

2. 자료를 스스로 해석해 보고 저자의 시각과 비교한다.

3. 저자의 타깃 독자를 확인한다.

지속적인 정부의 부동산 규제정책으로 무주택자, 유주택자, 다주택자마다 다른 접근 방법이 필요하다. 저자의 의견을 읽을 때 내가 무주택자라면? 내가 다주택자라면?이라고 입장을 바꿔서 읽어 보는 것이 중요하다. 내가 무주택자인데 다주택자에게 유리한 포지션을 적용해 잘못된 의사결정을 할 수도 있다는 점을 기억하길 바란다.

4. 다른 애널리스트의 의견과 비교해 본다.

방법을 설명하고자 3권의 책을 읽고 주관적으로 정리한 내용을 예시로 담았다. 읽는 사람에 따라 다르게 해석될 수 있음을 감안해서 보기 바란다.

도서명	오윤섭의 부동산 가치투자	부의 지도	다시 부동산을 생각한다
저자	오윤섭	이상우	채상욱
주요 지표	물가상승률	PIR	자금출처조사서
포지션	상승	상승	하락
타깃 독자	무주택자, 다주택자	무주택자, 다주택자	다주택자
포인트	서울 신축 혹은 신축이 될 것	서울	서울 외 그나마 덜 올랐다

경제신문도
읽는 방법이 있다

부동산 책을 70권쯤 읽고 나니 최소한 경제적 부린이 단계는 벗어난 느낌이 들었다. 그 다음 단계로 경제뉴스 특히 부동산뉴스를 제대로 읽어 봐야겠다는 목표를 세웠다. 인터넷으로 경제 분야-부동산 항목을 클릭해 뉴스를 처음 읽은 날의 기억이 생생하다. 부동산 책을 그렇게 읽었건만 마치 처음 책을 펼쳤을 때와 똑같은 느낌을 받았다. 책을 읽은 게 소용이 없다는 의미가 아니라 처음 보는 용어와 수치들이 가득했기 때문이다. 기사를 끝까지 읽으려고 해도 정확히 이해되지 않는 내용이 더 많았다. 대충 읽을 수도 있지만 처음 부동산 책을 펼쳤을 때를 떠올리며 제대로 정리하며 읽어야겠다는 생각이 들었다. 단어의 의미를 찾고, 지수를 해석하는 방법을 찾아보고, 어느 사이트에서 원본을 받을 수 있는지 경로를 확인하며 읽다 보니 하루 기사를 다 못 읽고 말았다. 결국 전부 읽는 데 무려 5일이 걸렸다. 이렇게까지 해야 하나 싶은 마음도 있었지만 포기하지 않고 매일 기사를 읽고 정리하기를 반복했다. 블로그를 하기 전에는 아래 그림처럼 한글파일에 표를 만들어 정리하고 출력해서, 일주일 혹은 한 달마다 지난 기사를 복기하며 공부했다.

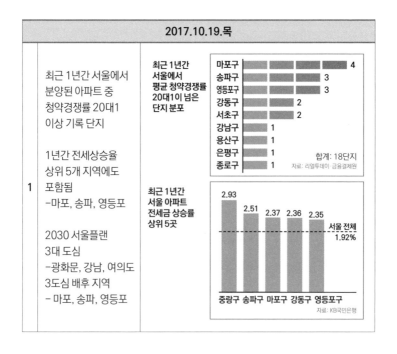

			8·2 대책 후속 도정법 개정안 주요 내용 및 시행 일정	
2	도봉역 인근 성대야구장 주거업무 복합시설로 개발	이르면 2019 착공		
3	서초구 염곡동	공립특수학교 나래학교		
			내용	**시행일**
4	투기과열지구 재건축 조합원도 5년간 재당첨 금지	재건축 갈아타기 유의 조합원 지위양도 금지 – 2018.1.24.시행	투기과열지구 내 재개발·재건축 조합원 분양자 5년간 재당첨 금지	2017년 10월 24일
			관리처분인가 후 재개발·도시환경 정비사업 조합원 지위양도 금지	2018년 1월 24일
			지방 청약조정지역 투기과열지구 재건축 조합원 분양물량 한 채로 제한	2017년 11월 10일

● 레비앙의 정리노트 모음 ●

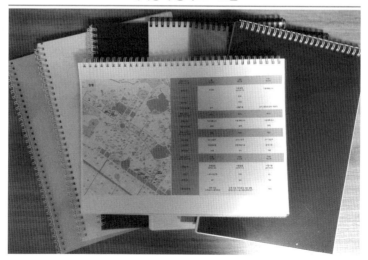

돌이켜 생각해 보면 이제 막 초등학교에 입학한 어린이가 대학생들이 보는 전문서적을 보는 격이었다. 부동산 용어나 수치에 대한 기본 지식이 별로 없다 보니 기사 하나하나가 새롭게 보였던 것 같다. 하지만 꼼꼼히 정리하며 읽기를 하루, 이틀, 일주일, 보름을 이어 가자 변화가 느껴졌다. '이건 제목은 그럴듯하지만 분명 광고기사 일거야', '이건 어제 나온 기사의 중복이니까 굳이 읽지 않아도 되겠어', '이건 대놓고 광고니까 패스해도 돼' 하는 판단이 제목만 보고도 가능해졌다. 읽어야 할 기사와 아닌 기사를 구분하게 되자 며칠씩 걸리던 기사 읽기가 점점 수월해졌다.

지금은 뉴스에 나오는 용어나 수치들 중에 모르는 용어는 거의 없다. 매일 블로그에 정리해서 올리는 '하루 늦은 뉴스'는 30분 정도면 정리할 수 있다. 무슨 일이든 꾸준히 반복하면 능률이 오르게 마련이다. 같은 일을 하는데 필요한 시간이 줄어든 만큼, 다른 일을 더 할 수 있게 됐다.

처음부터 경제면의 모든 뉴스를 섭렵하기는 불가능하다. 관심 있는 분야부터 집중하고 차근차근 범위를 넓혀 나가길 추천한다. 나는 경제 분야 중에서도 부동산 뉴스를 집중해서 읽었다. 꾸준히 뉴스를 정리하면서 터득한 몇 가지 노하우를 전하려고 한다.

첫째, 뉴스를 보라고 하면 종이로 된 신문을 말하는지, 몇 개의 신문을 봐야 하는지 궁금해 하는 사람들이 있다. 나는 종이가 아닌 인터넷사이트 뉴스를 본다. 네이버나 다음과 같은 포털사이트에서는 여러 신문사의 기사를 모아서 보여 주기 때문에 한 사이트만 제대로 봐도 충분하다. 물론 종이신문을 보거나 다양한 포털사이트를 봐도 괜찮다. 중요한 것은 매일 꾸준히 보는 습관을 들이는 것이다. 너무 많은 시간을 들이지 않고 꾸준히 볼 수 있는 자신만의 방법을 찾아 읽는다.

〈네이버-뉴스-경제-부동산〉을 클릭하면 다음과 같은 화면이 보인다. PC로 보거나 휴대전화-PC로 보기를 클릭하면 한 페이지에 20개씩 뉴스기사가 보여진다. 평일에는 약 15-20페이지, 주말에는 6-7페이지 정도의 뉴스가 올라온다. 평균 15페이지라고 하면 총 300개의 기사가 있다. 하루에 300개를 읽는다고 하면 생각보다 많다고 느껴지지만 중복되는 기사, 광고기사가 90% 이상을 차지하기 때문에 이것만 잘 골라낼 수 있어도 뉴스를 보는 데 걸리는 시간은 훨씬 줄어든다.

둘째, 신문기사를 읽으면서 꼭 기억해야 할 점은 '수용적 읽기'가 아닌 '비판적 읽기'를 해야 한다는 것이다. 뉴스에 나온다고 해서 100% 사실이라 믿고 무조건 받아들이면 안 된다. 뉴스는 사실을 바탕으로 쓰지만, 독자가 이렇게 받아들였으면 좋겠다고 하는 기자의 '의도'가 분명 담겨 있기 때문이다. 기사의 클릭

NAVER 뉴스   TV연예   스포츠   뉴스스탠드   날씨

뉴스홈   속보   정치   경제 *Click*   생활/문화   세계   IT/과학   오피니언   포토   TV   랭킹뉴스

06.25 (목)   헤드라인 뉴스   여권, 인천공항 사태 예의주시..."진짜 원인 찾자" 주장도

경제

금융
증권
산업/재계
중기/벤처
부동산 *Click*
글로벌
생활경제
경제 일반
속보

부동산

김상조 "부동산 안정 추가대책 준비"
무주택자·실수요자 불안 확산속 "쓸수있는 모든 정책수단 동원" 일각 "대출규제 강화 가...
동아일보   A6면   3일전

"마지막 갭투자"... 강남 일부 북새통
23일부터 '2년 실거주' 규제 시행... 전세 긴 매물은 없어서 못팔아 내달부터 '매입 6개월...
동아일보   A6면   3일전

아파트 매매거래량 3개월 만에 증가세 전환
지난달 도내 총 1,932건...전월 比 273건 증가 원주 736건 최다...춘천 366건·강릉 246건 순...
강원일보   3일전

인천 미추홀공원 옆 자이아파트 1327가구
인천 미추홀구 주안동에 2000가구가 넘는 브랜드 대단지가 들어선다. GS건설이 주안3구...
중앙일보   E4면   3일전

< 이전 | 21   22   23 *Click*

6월24일(수)   6월23일(화)   6월22일(월)   6월21일(일)   6월20일(토)

을 유도하기 위해 자극적인 헤드라인을 쓰거나, 의도하는 방향으로 읽도록 단어를 선택하는 경우도 많다. 특히 집값이 크게 상승하거나, 크게 하락하면 한두 개의 사례를 두고 폭등이니 폭락이니 하는 자극적인 단어를 사용해 사람들의 관심을 끄는 경우가 있다. 호재성 기사가 발표되면 당장이라도 그것이 실현될 것처럼 보도되는 경우도 많다. 뉴스를 제대로 읽지 않고 헤드라인만 읽고 잘못된 판단을 하기 쉽다는 뜻이다.

일례로 아래 뉴스의 헤드라인만 보면 김포공항 주변의 고도제한이 풀려서 집값이 상승할 것만 같다. 높은 건물들이 속속 들어와 천지개벽할 듯한 느낌을 준다. 나 역시 눈을 크게 뜨고 기사를 클릭해 봤다.

한국경제

김포공항 주변 등 고도제한 풀린다

🖨 A25면 1단 │ 기사입력 2018-12-06 18:20 │ 최종수정 2018-12-07 02:39 │ 기사원문 │ 스크랩 │ 🔊 본문듣기 · 설정

⬤ 3 │ 💬 댓글   요약봇 │ 가 │ 🖨 │ ↗

서울시, 용도지구 43% 폐지

다만 서울시 측은 "해당 용도지구들은 다른 법으로 이미 규제를 받고 있기 때문에 용도지구 폐지로 새로운 개발 여지가 생기는 것은 아니다"라고 설명했습니다.

출처: 네이버 (2018.12.06.)

기사 내용을 꼼꼼히 보니 호재가 아니었다. 중복규제 중에 한 규제를 없앤 것뿐 나머지 규제는 그대로 적용한다는 내용이었다. 김포공항 주변에 높은 건물이 들어설 수 있는 여지가 생긴 게 아니었다. 뉴스의 제목만 보고 호재라고 판단하는 오류를 저지르기 쉽다.

아래 기사는 빅데이터에 근거한 자료를 제공한 기사이다. 추가적인 자료를 보기 위해 기사를 클릭해 봤다.

세계일보

아파트 브랜드가 경쟁력… 선호도 1위는 '자이'

📖 A18면 TOP | 기사입력 2018-12-07 03:20 | 기사원문 | 스크랩 | 🔊 본문듣기 · 설정

12월에는 경기 안양, 남양주, 고양 일산, 하남, 대구 등 전국의 5곳에서 자이 아파트 4807가구가 일반 분양된다. 12월 첫 분양 단지는 14일 일산 식사지구에서 선보이는 '일산자이 3차' 전용면적 59~100㎡ 1333가구다. 이어 21일에는 안양시 동안구 비산동에서 '비산자이 아이파크'가 공개된다.

출처: 네이버 (2018.12.07.)

결론은 빅데이터를 활용한 분양 광고 기사였다. 꼼꼼히 읽다가 마지막에 뒤통수를 맞게 되는 기사이다. 분양 광고의 경우 이런 형식의 기사가 많다. 한두 번 경험하고 나면 나중에는 클릭하지 않는 경지에 이르게 된다. 광고가 의심되는 기사라면 꼼꼼히 읽기 전에 스크롤을 내려 맨 아래 문단부터 확인해 본다. 아파트 광고 기사라는 것이 확인되면 바로 뒤로 가기 버튼을 클릭해도 된다.

셋째, 꼭 읽어야 할 기사와 군이 읽지 않아도 되는 기사를 구분할 수 있게 되면 뉴스 보는 시간이 훨씬 줄어든다.

뉴스를 클릭하기 전 어느 신문사에서 올린 기사인지 확인이 가능하다. 아래 기사의 경우 출처가 강원일보인 것을 알 수 있다. 특

별히 강원도에 관심이 있는 것이 아니라면 굳이 클릭하지 않아도 된다.

아파트 매매거래량 3개월 만에 증가세 전환
지난달 도내 총 1,932건...전월 比 273건 증가 원주 736건 최다...춘천 366건강릉 246건 순...
강원일보 | ⏱ 3일전

출처: 네이버 (2020.06.22.)

주간주택가격동향, 월간주택가격동향, 상반기보고서 등이 발표되면 해당 보고서의 내용을 쪼개서 여러 편의 기사가 올라온다. 매주 목요일에는 주간동향이, 월말 월초에는 월간동향이 발표된다는 것만 알아도 봐야 할 기사가 확연히 준다. 월간동향과 주간동향은 기사보다는 보고서를 보는 것이 낫다. 나 역시 보고서 관련 기사는 헤드라인만 확인하고, 내용은 보고서로 직접 확인한다. 그러면 봐야 할 뉴스 기사가 많이 줄어든다.

그날의 가장 중요한 기사는 헤드라인만 바꿔서 중복돼 올라온다. 어떤 기사는 내용 없이 그림만 있는 경우도 있고, 어떤 기사는 내용이 반쯤만 있는 것도 있다. 여러 개의 제목을 붙여 기사수를 늘린 것에 불과하다. 비슷한 헤드라인의 기사에서 뒤에 (종합)이라고 써진 기사를 클릭하거나, 시간상 가장 늦게 올라온 기사만 클릭하면 모든 내용이 있는 기사를 읽을 수 있다. 뉴스를 꾸준히 보다 보면 꼭 읽어야 할 기사를 선별하는 눈을 갖게 될 것이다.

마지막으로 기사를 정리할 때 날짜와 신문사를 꼭 기록해 둔다. 블로그나 에버노트 같은 툴을 사용해 링크를 함께 정리하는 것도 좋다. 기사 정리는 역사 기록과 마찬가지이다. 역사는 반복된다고 한다. 지금 내가 경험하고 있는 상황과 똑같은 상황이 다시 올 수 있다. 그런 날이 왔을 때, 과거의 경험과 기록은 큰 도움이 된다. 밥 먹고 잠자는 것처럼 매일 뉴스 보는 것을 습관으로 만들기를 바란다.

5장

부동산 영역

: 부동산 공부에도 여러 영역이 있다

경매
– 기초부터 차근차근
단계를 밟아 공부하자

사람들은 흔히 "돈이 많아야 부동산 투자를 할 수 있다"라는 편견을 갖고 있다. 그나마 경매는 적은 돈으로 가능해서 시작했다는 사람들도 많다. 그래서인지 경매 관련 경험담을 담은 책이 유독 많은 편이다.

적은 돈으로 시작할 수 있다고 해서 쉽게 배울 수 있는 분야는 절대 아니다. 어떤 분야든 쉬운 것은 없지만 경매는 특히 '법'을 집행한다는 측면에서 더욱 신중하게 접근해야 한다. 경매에서 가장 어려운 부분도 '법'을 적용하는 권리분석이다. 돈을 빌려준 사람, 돈을 빌리고 안 갚은 사람 간의 문제라면 오히려 단순하지만 누군가에게는 전 재산인 임대보증금이 걸려 있다면 중요한 문제이다. 권리분석을 잘못하면 어렵게 모은 종잣돈을 날릴 수도 있다.

경매에서 기본적으로 다루는 '법' 중에는 경매를 하지 않더라도 알아야 할 중요한 내용들이 많다. 어떤 이유로 집을 사든 계약은 '법'을 바탕으로 이루어진다. 자신의 권리를 가장 잘 지킬 수 있는 방법은 법을 잘 알고 있는 것이다. 그런 의미에서 경매를 하지 않더라도 부동산과 관련된 기본적인 법을 공부하는 것은 필요하다.

부동산을 사는 방법에는 여러 가지가 있다. 가장 흔한 방법으로 부동산중개소를 이용하거나, 최근에는 앱을 통해 직거래를 하기도 한다. 누군가는 조금이라도 싸게 사기 위해 공인중개사와 친분을 쌓고 발품을 팔아 급매를 잡기도 하고, 어떤 사람들은 급매보다 더 싸게 사고 싶은 마음에 어렵다는 경매를 시작한다. 싸게는 사고 싶지만 권리분석이나 명도 같은 것들이 힘들어 공매만 공부한다는 사람도 있다. 이 모든 수고의 목적은 남들보다 조금이라도 더 싸게 사기 위함이다. 경매나 공매는 싸게 살 수 있는 좋은 방법임에는 틀림없다. 물론 필요할 때 도구를 적절히 활용하려면 제대로 배워야 한다.

경매나 공매를 공부하고 싶다면 기본부터 차근차근, 그리고 집중해서 공부해야 한다. 어떤 사람은 공부보다 입찰부터 해 보라고 권한다. 한 번 낙찰 받아 보면 저절로 공부가 된다고 조언을 하기도 한다. 입찰은 해 보지도 않고 공부만 계속 하는 것은 잘못된 방법이라고 한다. 물론 틀린 말은 아니다. 급박한 상황이 됐을 때 그 절박함에 공부가 잘 되는 것은 맞다. 하지만 많이 공부하고 준비할수록 실수를 줄일 수 있다는 점도 기억하자. 경매에 관심이 생겼다면 기초부터 차근차근 단계를 밟아 공부하기를 권한다.

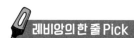

레비앙의 한 줄 Pick

경매의 성공과 실패 사례를 통해서 어떻게 하면 돈을 벌고 또 어떻게 하면 손해를 보는지에 대한 간접 학습이야말로 경매 입문자들에게 매우 중요한 공부가 될 것이라고 생각한다. 투자를 생활화하자. 여행 간 김에, 밥 먹으러 간 김에, 업무차 간 김에 자연스럽게 그 지역의 지역분석과 물건분석을 해 보자.

《부동산 경매 처음공부》 중에서

독서법 & 정리법

《**부동산 경매 처음공부**》, 설춘환, 이레미디어, 2019.

독서법 | 편안하게 읽기
정리법 | 기본적인 개념은 개요를 만들어 체계적으로 정리

최근 몇 년간 출간된 경매 관련 책을 읽어 보면 구성이 대체로 비슷하다.
하나, 경매 관련 경험을 집중적으로 다룬 책
둘, 지식과 경험을 적절히 조합한 책
셋, 경매 관련 지식을 자세히 설명한 교재 같은 책
넷, 남들이 쉽게 접근하지 못하는 특수 물건만 집중적으로 다룬 책

시중에 출간된 경매책은 대체로 경험담을 중심으로 쓰였다. 경매에 관한 지식은 누가 설명해도 내용이 같기 때문에 어느 책을 읽어도 거의 비슷하다. 비슷한 책들 중에서 차별화하기 위해 저자의 특별한 경험담을 담는 경우가 많다. 경험담을 담은 책 한두 권을 가볍게 읽고, 경매에 대한 궁금증을 풀어 보라고 권한다. 책을 읽고 본격적으로 경매를 공부하고자 한다면 법부터 찾아서 정석대로 공부하기를 추천한다.
어떤 분야든 책을 통해 먼저 공부하고 더 깊이 알고 싶을 때는 저자를 만나거나 강의를 들으라고 추천하지만 예외가 하나 있다면 바로 경매

분야이다. 까다로운 권리관계가 있는 물건이라면 잘못된 판단으로 큰 손해를 볼 수도 있다. 경매 분야는 어려운 부분을 함께 고민할 수 있는 동료나 멘토가 있으면 좋다.

경매 경험담을 담은 책을 여러 권 읽었더니 경매에 관한 기본적인 개념을 어느 정도 이해할 수 있었다. 응찰을 할 생각은 아니었지만 제대로 배워 두면 좋을 것 같다는 생각에 온라인 무료 강의를 듣고 정리해 보았다. 정리할 때는 줄글보다는 그래프나 도표, 템플릿을 활용하는 게 시각적으로 효과적이다. 알맞은 템플릿을 골라 빈칸을 채워 넣다 보면 어느새 머릿속에 정리되는 느낌을 받는다. 여러분도 한번 응용해 보길 바란다.

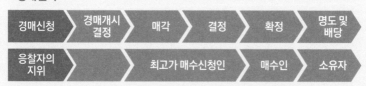

• 경매절차 •

경매신청	경매개시 결정	매각	결정	확정	명도 및 배당
응찰자의 지위		최고가 매수신청인		매수인	소유자

가등기 vs 가처분		
가처분	가등기	가처분
	채권이 있어야만 가등기 가능, 권리가 있다는 것이 '확실'	권리가 있는지 없는지 소송을 통해 확인해야만 하는 경우, 실효기간 : 10년 → 5년 → 3년

출처: 유튜브 현민쌤의 경매초급반 개념원리과정(탱크옥션)

상가
– 건물주가 되기 위한 첫발

부동산의 여러 유형 중에서 가장 쉽게 다가갈 수 있는 분야는 '아파트'이다. 대한민국 주택 유형 중 가장 많은 비율을 차지하기도 한다. 하지만 투자할 수 있는 분야가 아파트만 있는 것은 아니다. 오피스텔, 오피스, 꼬마빌딩, 지식산업센터, 토지까지 다양하다. 아파트 투자 경험이 많다고 해서 상가나 토지를 쉽게 접근할 수 있는 것은 결코 아니다. 각 분야마다 관련 법이 다르고, 적용되는 세율이 다르다. 어떤 사람들이 무슨 이유로 그것을 사려고 하는지 각 분야의 특성을 제대로 공부해야 한다. '나도 건물주가 돼서 월세나 받으면 좋겠다'라는 막연한 생각으로 관련 지식도 없이 손을 댔다가는 실패를 경험할 수도 있다.

그럼에도 불구하고 다양한 분야를 공부해야 하는 이유가 있다. 경제 상황에 따라 수익이 좋은 분야가 달라지기 때문이다. 금리가 낮을 때는 보증금을 많이 받아 은행에 넣어도 이자를 얼마 받지 못한다. 그래서 금리가 낮아지면 월세나 수익형부동산의 인기가 높아진다.(지금처럼 저금리가 지속된 경우는 조금 다르다.) 금리가 높아지면 골치 아프게 임차인 관리를 하면서 월세를 받는 것보다 은행 이자를 받는 게 편하기 때문에 전세를 낀 투자를 선호한다. 아파트, 상가, 토지도 잘 아는 멀티플레이어가 돼야 훨씬 많은 기회를 잡을 수 있다는 뜻이다. 모든 분야를 다 잘할 수는 없지만 모든 사람이 아파트만 투자할 필요도 없다. 유동 인구의 흐름을 분석하고 상권에 맞는 업종을 고르는 것이 재밌게 느껴지는 사람이 있고, 지금은 아무것도 없는 땅이지만 개발될 미래를 상상하는 것이 쉬운 사람, 남들은 힘들어 하는 임차인 관리가 쉽다는 사람도 있다. 여러분에게 어떤 분야의 재능이 있는지는 직접 공부하고 경험해 봐야 알 수 있다.

책 한 권 겨우 읽고 해당 분야를 마스터하겠다는 기대는 하지 않겠지만, 우연히 읽은 책 한 권이 새로운 길을 제시할 수는 있다. 나 역시 상가에 관한 책을 읽으면서 상가 투자의 매력을 알게 됐다. 언젠가는 상가나 토지도 더 깊이 공부해 봐야겠다는 목표도 세웠다. 미래에 희망직업 1순위, 건물주! 건물을 물려받아 건물주가 될 희망이 없다면 건물주가 되기 위해 스스로 공부하는 방법밖에 없다. 책을 통해 미래 건물주로서의 첫발을 내딛어 보기 바란다.

 레비앙의 한 줄 Pick

시장은 끊임없이 변화하고 진화하며 다양한 기회를 제공한다. 정부가 바뀔 때마다, 규제가 강화될 때마다 사람들은 이제 시장은 끝났다고 절망하고 어떤 이들은 이제 오를 만큼 올라서 투자할 물건이 없다고 푸념한다. 그러나 시장은 절대 끝나지 않는다. 오히려 끊임없이 진화하는 과정에서 우리에게 또 다른 기회를 제공하고 있다. 우리는 투자할 물건이 없음을 탓할 게 아니라 물건을 보는 안목이 없음을 인정해야 한다.

《알짜상가에 투자하라》 중에서

독서법 & 정리법

《**알짜상가에 투자하라**》, 배용환(서울휘), 국일증권경제연구소, 2018.
《**나는 집 대신 상가에 투자한다**》, 김종율(옥탑방보보스), 베리북, 2016.

독서법 | 편안하게 읽기
정리법 | 핵심 내용 간추리기

책을 읽고 핵심 내용을 간추려 본다. 주로 상권을 분석하는 방법이 핵심 내용인데 책을 읽고 나면 그동안 무심히 지나쳤던 상가들이 새롭게 보일 것이다. 책을 읽은 후 가장 잘 활용하는 방법은 책에서 설명한 상권 분석을 우리 동네에 적용해 보는 것이다.

우선 지도에서 우리 동네 중심 상권이 어디인지 확인한다. 네이버나 다음 지도에는 지적도가 제공되는데 상가 지역은 분홍색으로 표시된다. 다음에 나오는 지도는 일산에 위치한 3호선 주엽역 인근 지적도이다. 주엽역을 중심으로 사각형 모양의 중심상업지역이 보인다. 계획된 신도시라서 가능한 상권의 모습이기도 하다.

지도에서 확인한 중심상업지역을 방문해 사람들의 동선, 유동인구수, 상가에 입점돼 있는 점포들의 유형, 오래 유지되고 있는 상가와 주인이 자주 바뀌는 상가 등을 조사해 본다. 자신이 살고 있는 동네나 자주 가

• 주엽역 인근 중심상업지역 •

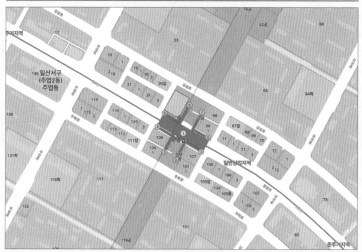

출처: 다음지도

는 동네라면 더 쉽게 파악할 수 있다. 아는 지역부터 시작해 주변 지역
까지 시야를 넓혀 상권을 파악하는 연습을 한다. 그렇게 안목을 키워 나
가다 보면 어느새 투자해도 좋을 만한 상가를 고를 수 있는 단계에 오른
다. 건물주가 꿈이라면 건물을 내가 직접 고를 수 있어야 하지 않을까?
그날이 올 때까지 상가 공부를 꾸준히 해 보자.

학군
– 대한민국 학부모라면
반드시 알아야 할 학군지

'맹모삼천지교'라는 말이 언제까지 대한민국에서 회자될 지 궁금하다. 대한민국 3대 학원가라 불리는 대치동, 목동, 중계동과 경기도에 일산 후곡마을, 분당 수내동도 학군을 중요하게 생각하는 엄마들이 선호하는 지역이다.

매년 입시결과가 발표될 때마다 학군 지역의 집값이 들썩인다는 기사가 보도된다. 학군 지역은 집도 못 보고 계약한다는 소리도 많이 듣는다. 입주나 임대 대기자도 많을 뿐더러 중간고사와 기말고사 기간에는 집을 안 보여 주는 것이 관례처럼 통용되기 때문이다. 특목고 폐지 얘기가 나오면서 학군 지역의 인기는 더욱 높아졌다. 특목고에 보내지 못한다면 기왕이면 학군이 좋은 지역으로 전학가려는 수요가 많다는 것을 뜻한다. 학군 지역의 전세난은 연중무휴이다.

예전에는 국가수준학업성취도평가결과를 활용해 성적이 좋은 학교를 확인할 수 있었다. 아쉽게도 최근에는 이 결과를 볼 수 없기 때문에 다른 방법으로 확인해야 한다.

하나, 맘카페를 활용한다. 대부분의 지역마다 온라인 지역카페가 있다. 카페에 가입해서 "초등학생이 있는 엄마입니다. 다른 지역에 살다가 이 동네로 이사 오게 됐는데 어느 학교가 좋은지 궁금합니다. 또 어디에 학원이 많은지도 알고 싶습니다."라는 질문만 올려도 많은 정보를 빠르게 얻을 수 있다. 엄마들의 정보 인심은 매우 후한 편이다.

둘, 학급당 학생수를 확인한다. 관심 있는 아파트가 있다면 부동산 앱이나 사이트에서 배정되는 학교를 확인할 수 있다. 주변 학교에 비해 학급당 인원수가 월등히 많은 과밀학교라면 인근에서 선호하는 학교일 가능성이 높다. 대한민국 대표 학군지인 대치동 내에서도 A학교는 학급당 인원수가 40명에 육박하는 반면 B학교는 30명이 채 되지 않는 곳도 있다. 기본적으로 B보다는 A학교가 더 선호하는 학교라고 생각할 수 있다.

셋, 1학년 학급수와 6학년 학급수를 비교해 본다. 대치동에서 선호하는 학교를 보면 1학년 학급수는 4-5개인데 반해 6학년 학급수는 10개가 훨씬 넘는다. 대부분의 학부모가 중학년 이상부터 학군에 관심을 갖고, 4-5학년 때 학군지로 전학을 결심하는 현상에서 비롯된다. 초등 저학년 때는 학군보다 집 가까이에 학교가 있는 걸 선호한다. 하지만 초등 중학년 이상이 되면 본격적으로 학군지로의 전학을 고민하기 시작하고, 그 결과가 학년당 학급수에서 고스란히 드러난다.

사람이 사는 동네라면 어디나 크고 작은 학원가가 형성되기 마련이다. 학원을 한 과목만 보내는 경우는 별로 없기 때문에 학생들의 동선을 고려해 학원들도 모여 있는 경우가 많다. 학원이 모여들고 학원가로 자리 잡기 위해서는 시간이 필요하다. 대신 한번 자리 잡은 학원가는 쉽게 이동하지 않는다. 3대 학원가 역시 앞으로도 그 자리를 지킬 가능성이 높다.

 레비앙의 한 줄 Pick

특목고를 많이 보내는 중학교 옆, 서울대를 많이 보내는 일반고 부근은 집값이 오르면 올랐지 거의 떨어지지 않는다. 그래서 많은 부모들이 아이가 공부를 잘하면 무리를 해서라도 학군이 좋은 곳으로 가려고 한다. 그리고 이런 수요가 끊이지 않기 때문에 집값이 떨어지지 않는 선순환이 이어진다.

《심정섭의 대한민국 학군지도》 중에서

독서법 & 정리법

《**심정섭의 대한민국 학군지도**》, 심정섭, 진서원, 2019.
《**나는 부동산으로 아이 학비 번다**》, 이주현(월천대사), 알키, 2017.

독서법 | 편안하게 읽기
정리법 | 학군 지역과 선호되는 학교 정보만 모아서 정리하기

책을 읽고 학군지를 정리해 두었다가 해당 지역을 방문할 때 직접 둘러
보면 좋다. 특히 부동산 공부를 하는 사람이라면 3대 학원가 정도는 직
접 가서 확인해 보기를 추천한다.
학원들은 주로 어디에 많이 형성될까? 상가 공부에서 본 것처럼 중심상
업지구에 형성될까? 엄마들이 선호하는 학교 바로 옆에 형성될까? 성적
이 잘 나오는 학교를 따라 형성될까?

대치동 학원가가 유명하다고 해서 직접 가 보니 학원이 몇 개 없더라는
말을 들은 적이 있다. 대치동 대로변에서 학원을 찾았다면 대형프랜차
이즈 학원 몇 개밖에 보지 못했을 것이다. 대로변 높은 빌딩들은 임대료
가 상당히 비싸다. 대기업에 맞먹는 프랜차이즈 학원이 아니라면 눈에
잘 띄는 대로변 빌딩에 입점하기란 불가능하다. 대치동 학원가에 갔다
가 '여기가 학원가야?'라며 실망한 사람들이 많은 이유이다. 이런 이유

로 학원가는 대로변에서 한 블럭 들어간 곳, 대형빌딩이 아닌 근린 상가에 주로 형성된다. 대치동 대로변에서 한 블럭 들어가면 작은 건물이나 상가 주택에 학원 간판이 즐비한 것을 발견할 수 있다.

목동, 대치동, 중계동 학원가의 느낌은 완전히 다르다. 중계동 은행사거리에 위치한 학원가를 가 보고 마치 '학생들의 도시' 같다는 느낌을 받았던 기억이 난다. 관심 있는 지역이 생기면 선호하는 학교와 학원가를 확인하는 습관을 들인다.

● 분당 서현, 수내, 정자동 학원가 ●

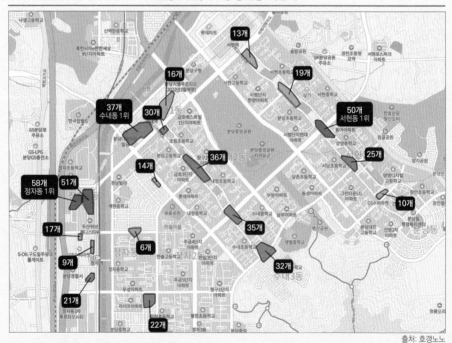

출처: 호갱노노

관심 있는 아파트가 대단지이고 인근에 학교가 여러 개 있다면 특별히 주의할 점이 있다. 같은 아파트 단지에서도 동별로 다른 학교에 배정될 수 있다. 만약 두 학교가 선호도에서 특별한 차이가 있다면, 선호되는 학교에 배정되는 동과 아닌 동은 억대의 시세 차이를 보일 수도 있다. 무턱대고 다른 동보다 싸다고 계약했다가는 낭패를 볼 수도 있다.

한 예로 학구도안내서비스에서 송파구 방이동에 있는 올림픽선수촌아파트를 검색해 본다.
올림픽선수촌아파트는 단지가 크기 때문에 세륜초와 오륜초로 나누어 배정된다. 그림에서 짙게 표시된 일부 동은 오륜초로 배정받게 된다.

● 학구도안내서비스 ●

출처: 학구도안내서비스 (https://schoolzone.emac.kr/)

● 대단지 아파트 초등학교 배정 ●

출처: 학구도안내서비스 (https://schoolzone.emac.kr/)

만약 세륜초에 배정받고 싶어서 이사를 생각한다면 짙게 표시된 동을
선택해서는 안 된다. 좀 더 정확한 정보를 알고 싶다면 해당 지역 교육
청에 문의해 본다.

중학교의 경우 배정받는 지역에 거주하더라도 학급수에 비해 진학하는
학생수가 많다면 거주 기간으로 입학 여부가 결정되기 때문에 미리 교
육청에 확인해 이사 시점을 고려할 필요가 있다.

청약
– 기회는 관심을 갖고
공부하는 사람에게만 보인다

'로또분양'이라는 말이 유행할 정도로 지금은 청약 전성시대이다. HUG(주택도시보증공사)에서 분양 보증이라는 명목으로 분양가마저 통제하다 보니 새 아파트를 가장 싸게 살 수 있는 방법은 바로 청약당첨이다. 2018년까지 청약에 당첨되거나 분양권을 산 사람들은 입주 시점에 '잔금대출 마법'을 경험했을 것이다. 청약에 당첨되고 입주까지 2-3년의 시간이 걸린다. 2-3년 동안 꾸준히 시세가 상승하다 보니 매매가와 전세가도 꾸준히 오른다. 매매가는 평균적으로 분양가의 2배 이상이 되고, 전세가는 분양가에 거의 근접한다. 이런 경우 입주 시 잔금대출을 받으면 분양가에 육박하는 대출이 가능해진다. 새집을 사서 입주하는데 돈이 하나도 안 드는 마법이 일어난 것이다. 이자 부담이 없는 것은 아니지만 당장 목돈을 만들지 못해서 내 집 마련을 못하는 사람들에게는 부러운 일이다. 요즘은 새 아파트를 가진 사람과 아닌 사람의 자산 차이는 말할 수 없이 커져 버렸다. '로또분양'이라는 말이 괜히 나온 게 아님을 입증하고 있다.

최근 당해제도(해당 거주지에 사는 사람 우선) 조건을 이용하면 몇 백대의 일의 경쟁률을 뚫지 않아도 된다는 허점을 이용해 과천에 전세 수요가 몰리기도 했다. 과천은 지역이 작고 거주하는 주민 수가 현저히 적은 반면 '서초구 과천동'이라고 불릴 만큼 인기 있는 거주지이다. 주민수가 적다 보니 당해제도를 활용하면 과천에 거주하기만 해도 당첨확률이 100%에 가깝게 된다. 이런 점을 이용해 과천에서 분양하는 새 아파트에 당첨되기 위해 월세나 전세를 얻어 거주하려는 수요가 꽤 많았고, 그래서인지 전세가가 유난히 상승하기도 했다. 정부에서는 정책의 허점을 발견하고 일부 지역의 당해거주 자격 요건을 2년으로 늘리는 정책을 발표했다. 그러자 과천의 전세가가 크게 떨어지는 현상이 발생하기도 했다. 3기 신도시 중에서 하남교산지구에 당첨되기 위해 전입이 늘고 있다는 기사가 최근 많이 보도됐다. 하남시에 때 아닌 전세대란이 일어나고 있지만 청약제도를 모르는 사람들은 왜 갑자기 전세가 부족하고 전세가가 오르는지 어리둥절할 뿐이다.

청약제도의 허점을 찾아 공략하려는 사람들이 늘자 정부에서
도 수십 차례에 걸쳐 청약제도를 뜯어고쳤다. '청약고시'라고 불
릴 정도로 청약제도는 점점 복잡하고 어려워졌다. 자신의 자격
을 정확하게 모른 채 청약접수를 하는 경우도 많다 보니 당첨되
고도 자격이 박탈되는 안타까운 일도 생긴다. 청약당첨은 로또라
는 학습 효과로 인해 일단 넣고 보자는 식의 청약 경쟁으로 수백
대 일의 경쟁률은 놀랍지도 않은 일이 됐다. 청약에 당첨되면 평
형에 따라 최소 17억에서 최대 37억을 준비해야 하는 서울아크
로포레스트 청약에 무려 26만 명이 신청하는 해프닝이 벌어지기
도 했다.

시세보다 높은 분양가가 인근에 있는 아파트 시세까지 높이다
보니 Hug에서 분양가를 더욱 심하게 규제하고 있다. 최근에는
조합원분양가보다 일반분양가가 더 낮아지는 말도 안 되는 역전
현상이 보도되기도 했다. 녹물이 나오는 아파트에서 불편함을 버
티며 살았는데 오히려 분양 받는 사람이 더 싸게 집을 산다니 화
가 나는 것도 이해가 되는 일이다.

청약에는 특별공급이라는 특별한 청약 기회가 있다. 다자녀,

국가유공자, 신혼부부뿐 아니라 중소기업에 오래 다닌 사람들을 위한 제도이다. 특별청약 신청 결과를 보면 가끔 의아한 경우도 있다. 일반청약 신청에서 분명 높은 경쟁률이 예상되는데 특별공급 신청은 저조한 경우이다. 분명 자격이 되는 데도 몰라서 기회를 놓친 사람도 있을 것이다. 남들은 한 번만 당첨돼 봤으면 좋겠다고 생각하는 로또분양의 기회를 몰라서 놓친다면 너무 억울한 일 아닐까?

나는 분양을 한 번도 받아 보지 못하고 첫 집을 샀기 때문에 당연히 청약을 넣을 자격조차 없다고 생각했다. 남들이 모델하우스를 보러 가고 분양권을 산다고 해도 남의 일처럼 여겼다. 말 그대로 청약에 대해 무지했다. 1순위는 아니었지만 청약에 당첨될 수 있는 많은 기회가 있었다는 것을 나중에 알고는 땅을 치고 후회했다. 제대로 알지도 못하면서 '당연히 기회가 없겠지'라고 단정 지은 자신의 무지함을 한탄할 수밖에 없었다. 청약고시가 될 만큼 규제가 심해지고, 자격 요건이 까다로워졌어도 나에게 해당되는 기회가 여전히 있다는 사실을 명심하자.

간절히 당첨되고 싶은 아파트라면 당첨되지 않아도 살 수 있는 방법이 있다. 바로 청약에 당첨된 사람의 분양권을 사는 경우이다. 2020년 5월 11일 발표된 부동산 대책에서 8월부터는 수도권과 광역시 분양권의 전매제한이 강화됐다. 조정대상지역뿐 아니라 대부분의 지역에서 분양권 전매를 '소유권이전등기' 이후로 제한한 것이다. 이 조치로 인해 수도권과 광역시에서 청약당첨이 아니고는 새 아파트를 얻는 게 더 어려워진 건 사실이다. 2020년 8월 이후 모집공고하는 단지에 해당하는 규제이니 그 이전에 모집공고가 된 단지는 예외라는 점도 빠르게 해석할 수 있어야 한다. 해당 단지에는 프리미엄을 높이는 요소로 작용할 가능성이 크기 때문이다. 당첨 가능성이 높거나 혹은 가능성을 높일 수 있다면 적극적으로 도전해야 한다. 만약 당첨 가능성이 거의 없다면 희박한 가능성에 매달리는 것보다 다른 방법을 빨리 찾아야 한다. 새 아파트가 되기 전에 기존 거주자들에게 주어지는 입주권을 사는 방법도 그중에 하나이다.

얼마 전 발표한 6. 17 대책으로 인해 투기과열지구로 신규 지정된 곳은 조합원지위양도 금지나 재당첨제한 같은 큰 장해물이 더해졌다. 조정대상지역으로 신규 지정된 곳은 중도금이나 잔금 대출 한도가 줄어들거나 나오지 않는 곳도 있다. 물론 이런 일련의 대책들은 주로 다주택자에게 해당되는 규제인 것은 분명하다. 그러니 지레 겁먹고 도망치기보다는 규제 속에서 나에게 유리하게 적용되는 항목을 찾으면 된다. 어디든 관심을 갖고 보면 기회는 항상 있다. 다만 그 기회는 관심을 갖고 공부하는 사람에게만 보인다. 무주택자든, 유주택자든, 다주택자든 본인에게 맞는 청약 전략을 공부해야 하는 이유이다.

레비앙의 한 줄 Pick

청약, 분양권이 갖고 있는 레버리지를 먼저 정확히 이해하고 활용할 수 있다면 당장 현금이 부족해도 완공·등기 시점과 양도소득세 구간을 잘 따져 내 상황에 맞는 적절한 거주 시나리오, 투자 시나리오를 만들어갈 수 있을 것이다.

《35세 인서울 청약의 법칙》 중에서

독서법 & 정리법

《**35세 인서울 청약의 법칙**》, 박지민 (월용이), 매일경제신문사, 2018.
《**대한민국 청약지도**》, 정지영 (아임해피), 다산북스, 2019.

독서법 | 정독
정리법 | 법이나 자격 규정이 많으므로 꼼꼼하게 정리하기

우선 기본적인 청약제도를 알아야 한다. 제도를 설명하다 보니 처음 책을 읽으면 법조문을 읽는 것처럼 딱딱하고 복잡하게 느껴질 수 있다. 예외 규정이 많다 보니 이해가 안 되는 부분도 많다. 가장 효과적으로 읽는 방법은 본인에게 적용되는지 안 되는지 확인하면서 읽는 것이다. 청약가점도 직접 계산해 보고, 특별공급 자격은 되는지, 과거에 청약에 당첨된 적은 없는지, 청약가점을 높일 수 있는 방법은 없는지, 재당첨제한에 걸리는지 아닌지 확인하면서 읽으면 훨씬 효과적으로 책을 읽을 수 있다.

청약 자격 요건을 가장 확실하게 확인할 수 있는 사이트는 '청약홈'이다. 앞으로 청약에 도전하려면 반드시 청약홈을 이용해야 하기 때문에 미리 방문해 보길 권한다. 청약 조건은 개인뿐 아니라 같은 세대에 속한 세대원의 자격까지 꼼꼼하게 확인해야 한다. 세대원들의 청약 자격까지 확인하면서 책을 정독해 보자.

해당 주택을 공급하는 데 필요한 중요한 사항은 '입주자모집공고문'에 하나도 빠짐없이 기재돼 있다. 기재되지 않은 규정으로 문제가 생기면 시행사에서 책임을 져야 하기 때문에 알아야 할 내용을 자세하게 기록한다. 청약에 관한 책이 나오기 이전부터 청약을 한 사람에게 어떻게 공부했냐고 물어보니 한결같이 입주자모집공고문을 출력해서 밑줄 치며 꼼꼼하게 읽었다고 한다. 입주자모집공고문을 봤다는 사람도 분양가격만 확인할 뿐 작은 글씨를 모두 읽었다는 사람은 드물다. 정확한 자격 요건도 모른 채 '묻지마 청약'을 하는 경우도 많다. 청약 관련 책을 통해 기본적인 원칙을 익혔다면 심화학습으로 입주자공고문을 정독하기를 추천한다. 당장 관심 있는 아파트가 아니더라도 새로운 공고문이 나오면 꾸준히 읽어 보는 연습을 하면 좋다. 여러 지역의 공고문을 읽어 보는 것도 좋다. 지역에 따라 조성되는 택지유형에 따라 청약 자격 또한 달라지기 때문이다. 청약 자격이 강화되는 곳은 인기가 높은 지역이라는 의미이기도 하다. 강화되는 곳이 있으면 예외인 지역도 분명 있다. 틈새를 잘 찾아내는 사람이 기회를 잡을 가능성도 높은 만큼 입주자모집공고문이 뜨면 공부한다는 마음가짐으로 꼼꼼하게 읽는 습관을 들이기 바란다.

● 양주옥정신도시 입주자모집공고문 (2020.02.07.) ●

양주 옥정신도시 A-20(1)BL 양주옥정 유림노르웨이숲 입주자 모집공고

※ 본 아파트 입주자 모집공고의 내용을 숙지한 후 청약 및 계약에 응하시기 바라며, 미숙지로 인한 착오행위 등에 대하여는 청약자 본인에게 책임이 있으니 유의바랍니다.

- 본 아파트는 2020.1.1. 개정된 「주택공급에 관한 규칙」이 적용됩니다.
- 본 아파트의 최초 주택자모집공고일은 2020.02.07.입니다.(청약자격조건의 기간, 나이, 지역우선 등의 청약자격 조건 판단 기준일입니다)
- 해당 주택건설지역(양주시)에 「주택법」제3조 및 제3조의2에 의한 비투기과열지구 및 비청약과열지역으로서 본 아파트는 「주택공급에 관한 규칙」에 따라 1주택 이상 소유자는 본도 청약 1순위 자격이 부여됩니다.
- 본 아파트는 수도권내 비투기과열지구 및 비청약과열지역의 공급택지에서 공급하는 분양가상한제 적용 민영주택으로 「주택공급에 관한 규칙」제54조에 따른 재당첨 제한을 적용받지 않고 기존 주택 당첨여부와 관계없이 본 아파트 청약이 가능합니다. (단, 본 제도는 당첨 된 청약통장의 재사용을 허용하는 제도가 아니므로, 당첨된 청약통장은 계약여부와 관계없이 재사용이 불가합니다.)
- 본 아파트의 당첨자로 선정시 당첨자 및 세대에 속한 자는 당첨일로부터 향후 5년간 투기과열지구 및 청약과열지역에서 공급하는 주택의 1순위 청약 접수가 제한되오니 유의하시기 바랍니다.
- 본 아파트는 「주택공급에 관한규칙」제15조 규정에 따라 대규모택지개발지역에서 공급하는 민영주택으로 입주자모집공고일(2020.02.07.) 현재 양주시에 거주하거나 수도권(경기도,인천광역시,서울특별시)에 거주(주민등록표등본 기준)하는 만 19세 이상인 자 또는 세대주인 미성년자(자녀양육, 형제자매 부양)(국내에서 거주하는 재외동포(재외국민, 외국국적 동포) 및 외국인 포함)도 청약이 가능하나 「양주시 내외상(2019.02.07. 이전부터 계속거주)의 거주자에게 공급하는 주택 수의 30%를 우선 공급하며, 경기도에 6개월 이상 (2019.08.07. 이전부터 계속거주) 거주한 거주자에게는 20%를 공급, 50%를 수도권 거주자(서울특별시,인천광역시 거주자 및 경기도 6개월 미만)에게 공급합니다. (단, 주민등록표초본상 주소 사실이 있는 경우, 확정 되는 최종등록일 현재(기간 재등록일) 기준으로부터 산정함)
- 2018.12.11. 개정된 「주택공급에 관한 규칙」제23조의3, 제2조의4에 따라 '세대' 및 '무주택세대구성원'의 정의가 변경되었습니다.
  - '세대'란, 다음 각 목의 사람(이하 '세대원')으로 구성된 집단(주택공급신청자가 세대별 주민등록표에 등재되어 있지 않은 경우는 제외)
  가. 주택공급신청자
  나. 주택공급신청자의 배우자
  다. 주택공급신청자의 직계존속(배우자의 직계존속 포함): 주택공급신청자 또는 주택공급신청자의 배우자와 세대별 주민등록표에 함께 등재되어야 함 (예) 부모, 장인·장모, 시부·시모, 조부·조모, 외조부 외조모 등
  라. 주택공급신청자의 직계비속(직계비속의 배우자 포함): 주택공급신청자 또는 주택공급신청자의 배우자와 세대별 주민등록표에 함께 등재되어야 함 (예) 아들·딸, 사위·며느리, 손자·손녀, 외손자·외손녀 등
  마. 주택공급신청자의 배우자의 직계비속(직계비속)속)의 배우자 포함): 주택공급신청자와 세대별 주민등록표에 함께 등재되어야 함 (예) 전처소생 등
  '무주택세대구성원'이란, 세대원 전원이 주택을 소유하고 있지 않은 세대의 구성원
- 2018.12.11. 개정된 「주택공급에 관한 규칙,별표1부칙」6에에 따라 주택을 소유하고 있는 직계존속과 그 배우자는 가점제 항목의 부양가족으로 보지 않습니다. 부양가족 판단 시 직계비속은 미혼자녀와 부모가 모두 사망한 미혼의 손자녀인 경우에 한정(부속에 인정합니다.
- 2018.12.11. 개정된 「주택공급에 관한 규칙,제2조제4항의2, 제23조제4항, 제53조에 의거 분양권과 및 입주권(이하 '분양권 등)을 소유한 경우 주택 소유로 간주하오니, 주택소유 여부 판정 시 유의하시기 바랍니다. (기타 주택소유 여부 판정기준에 대한 자세한 내용은은 「주택공급에 관한 규칙」 제53조 참조)
  - 주택 소유로 보는 분양권등의 범위(국토교통부 부칙 제55호, 2018.12.11. 시행)
  - 분양권등 등의 공급 계약자: 「주택공급에 관한 규칙」,개정 시행일(2018.12.11) 이후 '입주자모집공고, 관리처분계획(정비사업)' 또는 사업계획(지역주택조합)' 승인을 신청한 주택의 분양권등부터 적용하며, '공급계약 체결일' 기준 소유로 봄 ("미분양 주택을 최초로 공급받은 경우 제외하며, 해당 분양권등을 매수한 경우 주택소유 봄)
  - 분양권등 매수자: 「주택공급에 관한 규칙,개정 시행일(2018.12.11) 이후 매수 신고한 분양권부터 적용하여, '매매대금 완납일'(실거래 신고서상) 기준 주택 소유로 봄
- 2018.12.11. 개정된 「주택공급에 관한 규칙,제2조제7호의3에 따라 '소형·저가주택'을 분양권등을 포함하여, 공급계약서의 공급가격(선택품목 제외)을 기준으로 가격을 판단합니다.
- "소형·저가주택"이란, 전용면적 60제곱미터 이하로서 주택가격의 8천만원(수도권 외 지역은 6천만원) 이하인 주택 또는 분양권 등(주택가격은 「주택공급에 관한 규칙, 별표1 제1호 가목2)의 기준에 따름)
- 2009.04.01. 「주택공급에 관한규칙,일부개정으로 인해 주택형 표기방식은 기존(전용면적 + 주거공용면적)에서 주거전용면적만 표기하도록 변경되었으니, 유념하시기 바랍니다.

- **청약 및 계약 등 주요일정을 안내해 드립니다.**
- 2020.1.1. 개정된 「주택공급에 관한 규칙,제12조제2항에 의거 입주자모집공고는 최초 청약신청 접수일 10일 전에 해야 합니다. 다만 시장·군수·구청장은 제35조 및 제36조에 따른 특별공급의 경우로서 공급물량이 적거나 청약 관심도가 낮다고 판단되는 경우에는 5일 전으로 단축할 수 있습니다.
- 한국감정원이 주택청약업무수행기관으로서 역할을 수행함에 따라 종전에 비해 국민은행 청약통장 가입자도 홈페이지(www.applyhome.co.kr)를 통해 접수하게 되었습니다.

구 분	특별공급 (기관추천, 다자녀, 신혼부부, 노부모 부양)	일반 1순위	일반 2순위	당첨자발표	계약체결
일 정	2월 18일(화)	2월 19일(수)	2월 20일(목)	2월 27일(목)	03월 10일(화) ~03월 12일(목)
방 법	인터넷 청약 (08:00 ~ 17:30)	인터넷 청약 (08:00 ~ 17:30)	인터넷 청약 (08:00 ~ 17:30)	개별조회 (www.applyhome.co.kr 로그인 후 조회 가능)	
장 소	· 한국감정원(www.applyhome.co.kr) · 청약통장 가입은행 구분 없음	· 한국감정원 - PC : www.applyhome.co.kr - 스마트폰앱	· 한국감정원 - PC : www.applyhome.co.kr - 스마트폰앱	· 한국감정원 - PC : www.applyhome.co.kr - 스마트폰앱	당사 견본주택

※ 고령자, 장애인 등 인터넷 청약이 불가한 경우에 한해 특별공급은 견본주택 방문접수(10:00~14:00, 은행불가 접수불가함), 일반공급은 청약통장 가입은행 본점(09:00~16:00)에서 청약 가능함
※ 스마트폰앱 : 플레이스토어 또는 앱스토어에서 "청약홈" 검색
- 2020.1.1. 개정된 내용 관련 자세한 사항은 「주택공급에 관한 규칙」을 참조하시기 바라며, 이 공고문에 명시되지 아니한 사항은 「주택법」, 「주택공급에 관한 규칙」 등 관련법령에 따릅니다.

I 공급내역 및 공급금액

- 주택공급에 관한 규칙 제20조의 규정에 따라 양주시 주택과-제5826호(2020.02.06.)로 입주자모집공고승인
- 공급위치 : 경기도 양주시 옥정동 옥정택지개발지구 A-20(1) 블록
- 공급규모 : 아파트 지하 2층 ~ 지상 최고 35층 14개동 총 1140세대 및 부대복리시설
  [특별공급 486세대(기관추천 특별공급 113세대, 다자녀가구특별공급 113세대, 신혼부부특별공급 227세대, 노부모부양특별공급 33세대) 포함]

공급대상

(단위: ㎡, 세대)

구분	주택관리번호/ 아파트 코드	모델	주택형 (전용면적 기입)	약식 표기	세대당 계약면적(㎡)							세대별 계	공급세대수							
					세대별 공급면적			그밖의 공용면적			합계		계	특별공급					최하층 배정 세대	입주 예정 시기
					주거 전용	주거 공용	소계	기타 공용	지하 주차장	기계/ 전기실				기관 추천	다자 녀	신혼 부부	노부 모	일반 공급		
민영 주택	2020-000010	01	072.3007A	72A	72.3007	23.2019	95.5026	6.1031	39.7518	2.1504	143.5079	48.0635	35	3	3	7	1	21	2	2023년 1월 예정
		02	075.9964A	75A	75.9964	25.8053	101.8017	6.4151	41.7837	2.2603	152.2608	51.2336	270	27	27	54	8	154	11	
		03	084.9994A	84A	84.9994	28.5292	113.5286	7.1751	46.7337	2.5281	169.9655	57.1354	614	61	61	122	18	352	22	
		04	084.9903B	84B	84.9903	28.2094	113.1997	7.1743	46.7287	2.5278	169.6305	56.9699	221	22	22	44	6	127	7	

교통망
– 남들이 다 아는 것에서
좋은 기회를 잡기는 어렵다

수도권에 부족한 아파트를 공급하기 위해 3기 신도시 조성계획이 발표됐다. 많은 사람들이 서울에 살고 싶어 하지만 서울엔 더이상 집을 지을 땅이 없다. 그래서 서울에 최대한 인접한 지역으로 신도시를 조성한다. 그래야 사람들이 관심을 보일 것임을 정부도 알고 있기 때문이다.

2003년 참여정부는 서울의 부동산 가격 폭등을 억제하기 위해 2기 신도시 건설계획을 발표하고 경기김포, 인천검단, 화성동탄1, 2, 평택고덕, 수원광교, 성남판교, 서울송파(위례), 양주옥정,

파주운정 등 수도권 10개 지역과 충남천안, 아산신도시, 대전서구, 유성구의 도안신도시 등 충청권 4개 지역을 2기 신도시로 지정했다.

여기서 잠시 2기 신도시의 엇갈린 명암을 살펴보자. 신분당선으로 강남까지 한 번에 연결되는 수원광교와 성남판교는 10억 클럽을 넘어 강남의 집값과 어깨를 견주려 한다. 서울에 위치하지만 입주 때부터 예정된 교통망(위례신사선, 트램, 위례과천선 등)이 하나도 개통되지 않은 위례는 서울치고는 집값이 크게 오르지 않았다는 평을 받는다. 파주운정신도시는 최근 GTX 개통이라는 호재로 집값이 오르기는 했지만 그나마 역세권 근처에 한정된다. 가장 안타까운 것은 경기김포와 인천검단신도시다. 김포는 6.17 대책에서 접경지역에 해당돼 규제지역 지정에서 빠졌다는 이유로 며칠 만에 집값이 급등하기는 했지만 그 전까지는 미분양의 늪에서 허덕이던 신도시였다.

서울에 인접한 새 아파트라는 생각에 부푼 마음으로 입주를 한다. 부푼 마음도 잠시뿐 딱 하루만 출근해 보면 불만이 생긴다. 출근하는 데 너무 많은 시간이 소요된다. 지도상으로 서울에 인접했을 뿐 대중교통이 제대로 갖춰져 있지 않기 때문이다. 입주민들은 불편을 견디다 못해 예전에 살던 곳으로 이사 가고 싶어 한다. 당연히 집값도 오르지 않는다. 서울 수요를 분산시키려는 목적은 실패한 셈이다. 이것이 바로 신도시 계획에서 교통망이 갖는 중요성이다.

그래서인지 정부는 3기 신도시 조성 계획을 세우면서 교통계획도 함께 발표했다. 2기 신도시에서 얻은 교훈을 통해 사람들이 살고 싶어 하는 도시로 만들려는 계획이다. 3기 신도시의 성공 여부는 함께 발표한 교통망이 제때, 제대로 개통할 수 있느냐에 달려 있다. 입주는 했는데 아직도 땅을 파고 있다면 다시 사람들에게 외면받는 신도시가 될 수밖에 없다.

집 앞에 직장이 있다는 것은 아침에 일어나기 힘든 직장인에게는 꿈 같은 일이다. 초품아도 아니고 직품아이다! 경기도 판교의 집값이 서울 잠실의 집값만큼 올라간 것을 보면 직품아의 위력을 실감한다. 직장 바로 앞에 집을 얻을 수 없다면 직장에 가장 빠르게 갈 수 있는 교통수단이 있는 곳을 선택하게 되는데 바로 '역세권'이다. 그런데 역세권이라는 말은 자주 쓰는데 '버세권'이라는 말은 잘 쓰지 않는다. 버스보다 지하철을 훨씬 선호한다는 뜻이다. 지하철과 버스의 가장 큰 차이는 '정시성'이다. 지하철은 지하로 오르고 내리는 불편함이 버스보다 크지만 정해진 시간에 출발하고 정해진 시간에 도착한다는 점이 큰 장점이기 때문이다. 또한 지하철은 비가 오거나 눈이 오면 막히는 버스와 달리 계절적인 요인도 크게 영향을 받지 않는다. 그래서 버스 노선이 잘 갖춰진 곳보다 지하철역이 가까운 곳의 집값이 더 높다. 지금은 버스만 있지만 곧 지하철역이 생긴다면 집값이 크게 상승할 것이란 기대가 가능하다. 이미 많이 오른 역세권보다 앞으로 오를 신설 역세권에 관심을 가질 수밖에 없는 이유이기도 하다.

"어느 지역에 새로운 교통망이 계획돼 있을까? 미리 알면 선점할 수 있을 텐데."

"우리 동네에 역이 들어온다고 하는데 역과 가장 가까운 아파트는 어디일까? 미리 알 수 없을까?"

"지하철이 들어온다는 말은 10년 전부터 있었는데 도대체 들어오기는 하는 걸까?"

"선거철이 되면 온 동네에 지하철역을 신설하겠다는 공약이 난무하는데 진짜 될 노선은 어디인지 확실히 알 수 없을까?"

"지하철이 들어오면 무조건 집값이 오를까? 지하철역이 들어와도 집값이 오르지 않는 지역은 없을까?"

"계획부터 개통까지 도대체 몇 년이나 걸릴까? 내가 타 보지도 못하고 이사를 가게 되는 건 아닐까?"

우리가 궁금해 하는 모든 질문이 '국가철도망구축계획'이라는 자료 안에 담겨 있다. 물론 자료를 읽어 본다고 해서 원하는 답이 바로 나오는 건 아니다. 그 계획이 이루어지는 과정을 꼼꼼히 그리고 꾸준히 체크해야만 답을 얻을 수 있다.《교통망도 모르면서 부동산 투자를 한다고?》의 저자인 아이고빡시다는 국가철도망구축계획과 함께 아래의 자료를 꾸준히 찾아봤다고 한다.

• 뉴스에서 계획 발표가 나오면 원문 출처를 찾아본다.
• 국회 및 지방의회 회의록을 살펴본다.
• 기공식대행용역공고를 확인하면 리스크를 최소화할 수 있다.

　궁금해 하기만 하고 답을 찾으려는 노력을 하지 않는 사람이 있다면, 해당 지역의 5년치 공문서를 찾아 읽으며 진행상황을 체크한 사람도 있다. 저자의 그러한 노력이 책 내용에서 고스란히 느껴진다. 나는 이 책을 읽고 교통망에 대해 많은 것을 공부하게 됐다. 역세권이 중요하다고 해서 기존 역세권만 관심 있게 봤던 내가 신설 노선에 관한 호기심을 갖게 됐다. 신설역이 어딘지 확인하고 싶어서 KDI(한국개발연구원)보고서를 찾아 읽게 됐다. 계획이 발표됐다고 해서 모두 진행되는 것은 아님을 알게 됐다. 또한 호재가 호되게 당하는 재앙이 될 수도 있음을 깨닫게 됐다.

　교통망을 새로 만든다는 것은 집 한 채, 아파트 한 동 짓는 것과는 차원이 다르다. 이미 개통된 노선을 보면 최소 15년에서 길게는 20년의 기간이 소요된다. 어떤 노선은 계획은 세웠지만 사업성이 나오지 않아 무산된 경우도 있다. 이 노선의 계획만 보고 투자를 했다면 잃어버린 10년 그 이상을 경험할 수도 있다. 어떤 교통망이 계획되고 있으며 실제 진행 가능한 사업인지, 사업이 어느 정도 진행되고 있는지를 꼼꼼하게 공부하면 투자의 시기와 결과를 예측하는 데 큰 역할을 할 것이다.

그저 부동산 공부에 조금 관심 있는 것뿐인데 정부 보고서까지 봐야 하나 의문을 갖는 사람도 있을 것이다. 너무 어려워서 '내가 본다고 이해가 될까'라며 포기하는 사람도 있겠지만 남들이 다 아는 것에서 좋은 기회를 잡기는 어렵다. 남들이 어려워하는 것일수록 진짜 기회가 숨어 있는 법이다.

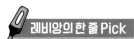 레비앙의 한 줄 Pick

'되는 호재'와 '안 되는 호재'를 구분하자.
정확한 개통 시기를 알아야 한다.
실제로 편리할지 생각해야 한다.
홍보성 뉴스에 속지 않아야 한다.

《교통망도 모르면서 부동산 투자를 한다고?》 중에서

독서법 & 정리법

《교통망도 모르면서 부동산 투자를 한다고?》
황성환(IGO박시다), 잇콘, 2018.

독서법 | 정독
정리법 | 노선별로 나눠서 정리

현재 2차 국가철도망구축계획(2011~2020년)이 진행 중이며 2015년에 3차 국가철도망구축계획(2016년~2025년)이 발표됐다. 3차에는 2차에서 완성되지 못한 노선들을 이어서 추진하며 새로 계획된 노선들도 추가됐다. 앞으로 어떤 노선이 추진되는지 궁금하겠지만, 2차에서 계획된 노선들이 어떤 과정을 거쳐, 얼마간의 기간을 거쳐 개통했는 지 먼저 공부해야 한다. 계획부터 개통까지 어떤 우여곡절이 있는지 알아야 새로운 노선에 대한 허황된 기대를 버릴 수 있다.

선거철만 되면 각종 공약과 함께 수많은 계획들이 발표된다. 당장 우리 동네에 새로운 역이 생길 것처럼 집값이 크게 요동친다. 신도시의 경우 교통환경부담금까지 분양가에 반영돼 있지만 아직 첫 삽도 뜨지 못한 경우도 있다. 예비타당성조사라는 것을 통과해야 하는데 매번 통과하지 못하고 하염없이 기다리는 곳도 있다. 새로 역이 생긴다는 소문만 듣고 투자를 결정했다가 힘든 시기를 보내는 사람들이 나오는 이유다. 지금 발표된 노선들 중에는 내 생에 개통을 보기 힘들 거라고 예상하는 노선도 있을 정도이다. 우이신설선이나 에버라인처럼 기대감을 안고 개통이 됐지만 시세에 전혀 영향을 주지 못하는 것도 있다. 발표되는 노선들을 모두 호재라고 생각하는 실수를 하지 않으려면, 기존 노선들의 진행 과정을 복기하면서 진짜 호재가 될 것과 아닌 것을 보는 눈을 먼저 키워야한다.

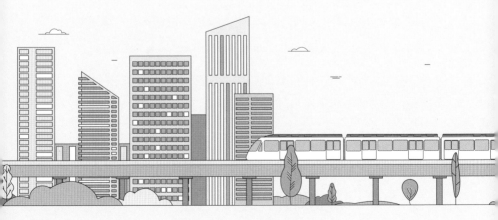

철도 파헤치기

《교통망도 모르면서 부동산 투자를 한다고?》를 읽고 제대로 한 번 철도를 공부해 보기로 목표를 세웠다. 먼저 기존에 개통된 노선들을 보며 노선별 파급 효과를 생각해 봤다. 나만의 기준으로 노선별 우선순위를 매겨 보았다. 교통망을 최우선으로 생각하는 이유는 직장에 출퇴근하기 위한 목적이 가장 크다. 그렇기에 가장 많은 사람들이 출퇴근하는 지역에 도달하는 노선이 우선순위가 높을 것이라는 판단이 들었다.

우리나라의 3대 업무지구로는 강남(GBD), 시청(CBD), 여의도(YBD)를 꼽는다. 3대 업무지구 외에도 삼성, 잠실, 양재, 마곡, DMC(디지털미디어시티), 마포(공덕), 가산(구로디지털), 광명, 문정, 판교 정도를 떠올릴 수 있다. 각 노선이 지나가는 업무지구마다 점수를 부여해 노선별 우선순위를 매겼다. 경유하는 업무지구의 개수당 1점, 3대 업무지구에는 플러스 1점, 업무지구에 가기는 하지만 본선이 아닌 지선으로 연결되는 경우는 불편함을 감안해 마이너스 점수를 부여했다. 편의상 1~9호선과 분당선, 신분당선, 경의 중앙선, 공항철도를 대상으로 나만의 우선순위를 매긴 결과이다.

노선	항목	점수
1호선	시청(+), 가산디지털(지선-), 광명(지선-)	(3+1-2=2)*
2호선	시청(+), 잠실, 삼성, 강남(+), 구로디지털	(5+2=7)
3호선	시청(종로+), 고속터미널(강남+), 양재, 문정(가락시장)	(4+2=6)
4호선	시청(명동+)	(1+1=2)
5호선	마곡, 여의도(+), 시청(종로+)	(3+2=5)
6호선	DMC, 마포	(2)
7호선	광명, 가산디지털, 강남(강남구청+)	(3+1=4)
8호선	문정, 잠실	(2)
9호선	마곡, 여의도(+), 강남(신논현+),삼성, 잠실(종합운동장)	(5+2=7)
분당선	복정(문정), 강남구청	(2)
신분당선	강남(+), 판교, 양재	(3+1=4)
경의중앙선	DMC, 공덕	(2)
공항철도	공덕, DMC, 마곡	(3)

*점수 계산하는 방법
경유하는 주요 업무지구 3개(시청, 가산, 광명)= 3점 　 주요 업무지구(시청)에 가산점 = 1점
지선으로 연결(가산,광명) 마이너스=-2점 　 총 3+1-2=2점

가장 점수가 높은 노선은 2호선과 9호선, 그 다음으로 3호선, 5호선, 7호선, 신분당선이라고 판단했다. 단순히 업무지구 연결성만을 기준으로 한 것이라 노선의 파급력을 완전히 반영하지 못했을 수도 있다. 중요한 것은 이런 과정을 통해 입지를 판단하는 나만의 중요한 기준 하나를 만들었다는 것이다. 결과에서 가장 점수가 높은 역은 2호선과 9호선이 모두 지나는 잠실역과 당산역이다. 앞으로 잠실역과 당산역을 항상 예의주시하게 될 것 같다.

또한 2차 국가철도망구축계획을 통해 진행되고 있는 노선들을 하나하나 공부하기 시작했다. 계획된 노선이 실제로 진행될지 안 될지 판단하는 1차 관문을 '예비타당성조사'라고 한다. 최근 뉴스에서 예비타당성조사 면제 사업이 발표돼 이슈가 된 적이 있다. 1차 관문을 쉽게 통과한 노선들이니 주목받을 만하다. 국토 발전의 형평성과 집값 안정을 이유로 한 노선을 제외하고는 서울과 수도권에서는 선정되지 않았다.

철도를 건설하기 위해서는 어마어마한 돈이 투입되는 만큼 그에 따른 효과를 기대한다. 기대효과나 수익이 없는데 돈을 투입할 리가 없다. 정부의 예산도 마찬가지이다. 간혹 수익성은 떨어지지만 복지 차원에서 진행되는 노선도 있고, 국가기반사업으로 정부 예산 100%를 들여 빨리 추진하는 노선도 있다. 어떤 노선은 정부 세금이 아닌 민간 건설사들의 투자를 받아 진행한다. 과연 건설사들은 어떤 사업에 달려들까? 분명 이용하는 사람이 많을 것으로 기대되는 노선이다. 거둬들일 수입이 개발 비용을 초과할 것이 분명하면 건설사들이 앞다투어 달려든다. 그런데 개통을 해도 수익이 나지 않을 것 같다면 어떤 건설사가 사업을 추진하려고 할까? 이런 이유로 계획은 있으나 아직 첫 삽도 뜨지 못한 노선들이 있다. 그 노선들도 계획이 발표됐을 때는 호재라 여겨져 투자를 한 사람이 있을 것이다. 처음에는 조금 불편해도 살다 보면 개통돼 살기 좋아질 거란 기대를 안고 해당 지역에 내 집을 마련한 사람도 있다. 철도 계획이 희망고문이 되지 않으려면 진짜 실행되는지, 된다면 언제쯤 이용할 수 있을지 정확하게 판단할 수 있어야 한다.

다음은 〈2차 국가철도망구축계획〉에서 발췌한 수도권 세부 사업내용이다. 표에서 일반철도라고 표시된 노선이 국가재정 100%로 진행되는 사업이다. 나라에서 재정 100%를 들여 진행하는 만큼 사업이 빠르고 파급 효과도 크다.

2차 국가철도망구축계획 세부 사업내용(수도권)				
	사업명	사업구간	총사업비(억 원)	연장(Km)
고속철도	수도권고속철도	수서-평택	37,231	61.0
일반 철도 / 신규 사업	수서-용문선	수서-용문	14,971	44.1
	장항선	신창-대야	5,692	122.1
	월곶-판교선	월곶-판교	26,501	35.8
	여주-원주선	여주-원주	6,329	21.9
	인덕원-수원선	인덕원-동탄	24,733	35.3
일반 철도 / 기 시행 중	인천국제공항철도	서울-인천공항	42,184	61.7
	대곡-소사선	대곡-소사	14,469	19.5
	성남-여주선	판교-여주	18,443	57.0
	여주-문경선	여주-문경	17,206	95.9

계획된 노선이 진행되기 위해서는 예비타당성조사에서 B/C(편익비용비율)라고 하는 결과치를 1 이상 얻어야 한다. 1을 넘어야 투입한 것 이상의 수익이 예상된다는 의미이다. 즉, 사업에 타당성이 나오려면 그 노선을 이용할 이용자가 확보돼야 한다. 허허벌판을 지나는 노선이 빨리 완공될 리 만무하다. 먼저 집이 지어지고 사람들이 살기 시작하면 그제야 진행될 가능성이 높다. 입주하고 나서야 철도가 들어온다면 철도가 개통되기 전에 입주한 사람들은 불편을 감수해야 한다는 뜻이다. 향후 시세상승을 기대하고 자가 거주한다면 몰라도 전세나 월세로 거주하는 사람들이

군이 불편함을 감수하면서 살 이유가 있을까? 교통이 좋아지기 전까지는 낮은 전세가를 감수하며 버텨야 할 수도 있다.

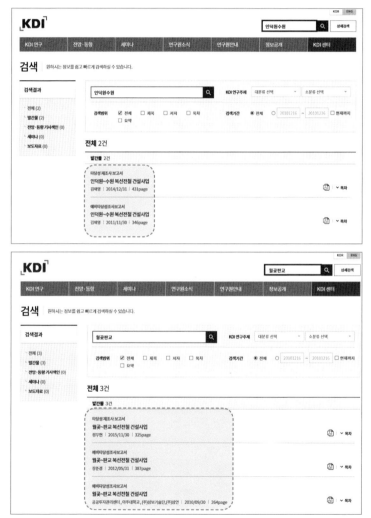

출처: KDI 인덕원-수원선 복선전철 건설사업 타당성재조사보고서 (2014.12.31.)

예비타당성조사는 KDI(한국개발연구원)라는 기관에서 실시한다. 예비타당성조사결과는 기사화되기 때문에 굳이 보고서를 찾아볼 필요가 없다고 생각할 수 있지만 보고서에 아주 중요한 정보가 포함돼 있다.

신설 역사가 우리 동네에 생긴다는 소리를 들으면 가장 먼저 어떤 것이 궁금한가? 우리 동네 어디에, 구체적으로 어느 아파트가 역과 가장 가까울까 하는 부분이다. 예비타당성조사결과 보고서에는 예정 역사 정보가 있다. 물론 예정이기 때문에 실제 설계 시에는 변경될 가능성도 있다. 정확한 역의 명칭은 추후에 결정되기 때문에 대체로 101정거장처럼 숫자로 표시한다. 숫자로 표시된 역을 따라 지도에 표시해 보면 노선이 그려진다. 예정 역사

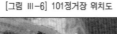

1) 101정거장

101정거장은 기존 과천선 인덕원역의 우측에 설치를 계획하였으며, 시점부 복합 환승센터 예정부지 위치하고 있다. 과천선 인덕원정거장 우측으로 상가밀집 지역이 있으며, 주변 교통량과 유동인구가 많은 지역이다.

[그림 III-6] 101정거장 위치도

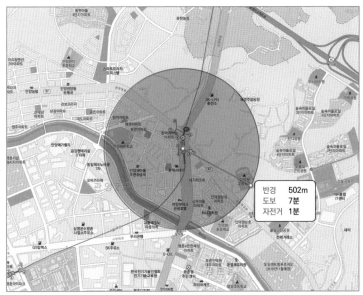

반경	502m
도보	7분
자전거	1분

를 중심으로 반경을 표시해 추후 초역세권이 될 아파트를 확인하는 것도 좋은 방법이다. 예정된 위치에서 조금 벗어나 역이 확정되더라도 크게 벗어나지 않을 거란 예상도 가능하기 때문이다.

　지금까지 2차 국가철도망계획에서 진행되고 있는 노선들의 현재 상황을 체크해 봤다. 15개 노선 계획 중에서 개통이 된 것은 경의선, 분당선 일부 구간, 경춘선, 신분당선 일부 구간에 불과하다. 7개 노선은 2028년까지 순차적으로 개통할 예정이다. 신분당선 일부 구간은 아직 삽도 뜨지 못했고, 신안산선 일부 구간은 초기 단계에 불과해 언제 개통될 지 시기를 예견하기 힘들다. 2차 국가철도망구축계획에서 계획된 노선도 이런 상태인데 3차 국가 철도망계획에 신규로 언급된 노선에 섣불리 기대감을 갖지 말아 야 한다는 점도 기억해야 하겠다.

2차 국가철도망구축계획 기 시행 중인 사업 : 15개 사업, 334.0Km					
노선명	사업구간	사업내용	연장(Km)	총사업비(억 원)	개통&개통예정
경의선	용산-문산	복선전철화	48.6	21.533	개통
분당선	왕십리-선릉	복선전철	6.8	7,477	개통
분당선	오리-수원	복선전철	19.5	13.967	개통
경춘선	망우-금곡	복선전철	17.9	5,964	개통
신분당선	용산-강남	복선전철	7.5	14,031	2028
신분당선	강남-정자	복선전철	18.5	15,808	개통
신분당선	정자-광교	복선전철	12.8	15,343	개통
신분당선	광교-호매실	복선전철	11.1	7,490	예타통과
수인선	수원-인천	복선전철	52.8	13,513	2020
동해남부선	부산-울산	복선전철	65.7	22,689	2021
신안산선	안산-여의도	복선전철	41.2	33,179	2024
신안산선	여의도-서울역	복선전철	5.7	7,802	순차 진행
별내선	암사-남양주	복선전철	11.4	7,988	2023
진접선	당고개-진접	복선전철	14.5	10,990	2022
대구권광역철도	구미-경산	-	-	-	-

3차 국가철도망구축계획 신규 사업				
노선명	사업구간	사업내용	연장(Km)	총사업비(억원) 개통&개통예정
수도권광역급행	송도-청량리(민자)	복선전철	48.7	58,319
수도권광역급행철도	의정부-금정(민자)	복선전철	45.8	30,736
신분당선	호매실-봉담(민자)	복선전철	7.1	6,728
신분당선 서북부 연장	동빙고-삼송(민자)	복선전철	21.7	12,119
원종홍대선	원종-홍대입구(민자)	복선전철	16.3	21,664
위례과천선	복정-경마공원(민자)	복선전철	15.2	12,245
도봉산포천선	도봉산-포천	복선전철	29.0	18,076
일산선 연장	대화-운정	복선전철	7.6	8,383
서울 9호선	강일-미사	복선전철	1.4	1,891
충청권광역철도 (2단계)	신탄진-조치원	복선전철	22.5	5,081

신분당선 서북부 연장 : 지자체 시행 광역철도로 추진
원종홍대선 : 연계 사업인 신정지선(화곡-까치산)은 서울시 도시철도망구축계획에 따라 도시철도로 추진
도봉산-포천선 : 도봉산-옥정과 옥정-포천으로 분리해 추진 가능
서울 9호선 연장 : 서울시 도시철도망구축계획에 따른 서울 9호선 고덕-강일 구간과 연계해 추진

3차 국가철도망구축계획의 신규 사업을 보면 거의 모든 구간이 민자 사업으로 진행, 추진되고 있음을 확인할 수 있다. 표 아래 부연 설명에서 신분당선 서북부 연장, 원종홍대선, 서울 9호선 연장 같은 노선은 지자체 예산을 투입해 추진한다고 기록돼 있

다. 예산과 우선순위에 따라 개통 시기가 유동적일 수 있다는 뜻이다. 물론 국가철도망구축계획에 반영된 노선은 그렇지 않은 노선에 비해 추진될 가능성이 높거나 속도가 빠를 수 있다. 하지만 계획에 반영됐다고 해서 당장 눈에 보이는 호재가 아닐 수도 있다는 점을 반드시 고려해야 한다.

국가철도망구축계획이 아닌 지자체 계획에 보면 경전철로 계획된 노선들이 있다. 일반철도도 아니고 경전철이라는 단어에서 느껴지듯 일반철도보다는 수요가 덜한 지역에 한두 량 정도의 작은 열차가 신설된다고 보면 된다. 경전철도 대중교통의 하나이며, 인근의 주요 노선과 환승된다면 어느 정도 파급 효과를 기대할 수 있지만 기대만큼의 파급 효과가 없는 경우도 있다.

국가철도망구축계획에 이어 경전철을 공부하면서 계획부터 개통까지 얼마나 걸렸는지 표로 정리했다. 가장 적게 걸린 노선이 무려 14년, 오래 걸린 노선은 17년이 걸려 개통됐다. 계획 발표가 당장의 호재가 아님을 내 손으로 다시 한 번 확인하는 시간이었다.

경전철 계획부터 개통까지 소요 기간						
종류	의정부경전철	에버라인	우이신설선	김포경전철	동북선	신림선
사업계획 수립	1995.12	1996.12	2003.6	계획확정 (2009.7)	2007.03	2008
기공식 및 착공시기	2007.06 2007.07	2005.12	2008.10 2009.09	2014.03	2019.09 2020년 예정	2017. 02
개통	2012.07	2013.04	2017.09	2019.09	2024-2025 예정	2022 예정
합	17년	17년	14년	확정부터 10년	예정대로라면 17-18년	예정대로라면 14년

책 한 권으로 시작한 교통망 공부가 무려 29개의 시리즈로 블로그에 연재됐다. 여기서 그치지 않고 지방 교통망에 대한 공부를 이어 가려고 한다. 이제는 어떠한 계획이 발표됐을 때 그것이 당장의 호재가 될지, 한참 후에 호재로 작용할 것인지 생각할 수 있게 됐다. 또한 노선이 줄 파급 효과를 조금 더 객관적으로 보는 기준을 갖게 됐다. 이 책을 통해 호재를 판단하는 여러분만의 기준을 만들어 보길 바란다.

재건축&재개발
– 고수의 영역? 책 한 권으로 시작하자

"신축은 진리다."

교통도 좋고, 학군도 양호하고, 편의시설도 만족스러운데 단지 낡았다는 단점만 지닌 아파트들이 서울에는 너무 많다. 서울 아파트의 노후도 수준은 전국에서도 상위권에 속한다. 서울 아파트는 점점 늙어 가는데 새 아파트를 지을 수 있는 땅은 거의 없다. 그렇기에 서울에서 새 아파트를 지을 수 있는 방법은 낡은 아파트나 동네를 헐고 새로 짓는 재건축 혹은 재개발밖에 없다.

누구나 새 아파트로 이사 가고 싶어 한다. 수요만큼 공급이 되지 않는데 정부에서는 재건축이나 재개발 사업에 계속 규제를 가하고 있다. 신축이 됐거나 신축이 될 가능성이 있는 것들이 주변 집값을 자극하는 요인으로 작용하기 때문이다. 그렇게 신축을 막는 사이 새로 입주한 새 아파트가 평당 1억이라는 가격에 거래되는 기록을 세우기도 했다.

주변 시설이 양호해서 아파트만 새로 짓는 방식을 재건축, 소방도로조차 확보가 안 된 낡은 동네를 전부 헐고 길부터 기반 시설까지 새로 구획하는 방식을 재개발이라고 한다. 재건축보다는 재개발이 훨씬 복잡하고 시간도 더 걸릴 거란 예측이 가능하다.

처음 부동산 공부를 하는 사람들에게 정비사업(재건축, 재개발, 소규모주택정비사업 등)은 왠지 모를 고수의 영역처럼 느껴진다. 비례율이니 용적률이니 하는 생소한 용어들이 등장하고, 사업성이 좋은지 아닌지 계산할 수 있어야 한다고 말한다. 비대위 같은 무서운 얘기도 나온다. 잘 진행되던 사업이 갑자기 지연되기도 하고 아예 무산되기도 한다. 이런저런 이야기들이 정비사업을 더욱 어려운 영역으로 느껴지게 만든다. 그럼에도 불구하고 부동산 상승장에서 가장 크게 오르는 것이 정비사업 대상이 되는 아파트나 빌라이다. 이유가 무엇일까? 가까운 미래의 모습이 머릿속에 그려지기 때문이다. 낡은 아파트들 사이에 독야청청 세련된 아파트가 들어온다고 상상해 보자. 가격이 얼마든 그 아파트를 원하는 수요는 많을 것이라는 짐작이 가능하다. 이것이 정비사업을 끌어올리는 힘이고 안 되던 사업을 다시 진행시키는 원동력이기도 하다.

정비사업에서 동의율 75%라는 벽은 생각보다 높다. 74%를 맞추고도 1% 때문에 1-2년씩 사업이 지연되기도 하고, 허위로 동의서를 받았다고 소송을 거는 경우도 있다. 75%를 맞춰서 사업이 추진된다 하더라도 100% 동의가 아닌 이상 반대하는 사람은 분명 존재한다. 합의가 잘 되면 좋지만 아닌 경우 소송으로 몇 년씩 지체되기도 한다. 사업이 늦어질수록 아파트는 낡아 가고 전세보증금은 턱없이 낮아진다. 그 예로 10억씩 거래되는 아파트의 전세금이 고작 9,000-1억에 불과한 경우도 있다. 그만큼 많은 기회비용을 투입해 미래의 영광을 기다리는 것이다. 그런데 잘 나가던 사업이 지연되거나 시장이 급 하락장으로 변해서 사업 진행이 요원해지면 어떻게 될까? 막연한 미래를 기대하며 올랐던 가격은 미래가 어두워지면 급격하게 기대치가 하락한다. 이미 낡고 낡아서 주거 가치가 바닥이니 가장 먼저 타격을 받는 것이다. 하락장에서 정비사업 대상이 가장 먼저, 가장 크게 하락하는 것도 바로 이런 이유 때문이다.

정비사업을 진행하는 곳들이 주변 집값을 자극하다 보니 정부는 각종 규제를 강화하고 있다. 이미 알려진 재건축 초과이익환수제, 일몰제, 분양가 상한제, 임대비율 상향과 더불어 입주권을 받으려면 의무 거주 기간을 두겠다는 정책을 발표해 시장을 혼란스럽게 하고 있다. 아무리 촉망받는 사업이라도 정부의 규제를 이길 수는 없다. 정부가 조금이라도 고삐를 죄면 사업의 진행여부조차 불투명해진다. 그래서 정비사업은 어렵다. 재건축, 재개발이 돈이 된다는 이유로 무턱대고 초기 단계에 뛰어들었다가는 잃어버린 10년이 아니라 영영 세월을 잃어버릴 수도 있다.

그럼에도 불구하고 정비사업은 이미 입증된 거주지에 새 아파트가 세워지는 매력적인 투자처다. 지금은 규제로 막혔다고 해도 세월의 흐름을 막을 수는 없으므로 언젠가는 새것이 될 수 밖에 없다. 정비사업에 관심을 가질 수 밖에 없는 이유다. 정비사업을 제대로 알고 싶다면 기본부터 차근차근 공부해야 한다. 진행 단계부터 사업성 분석까지 알아야 할 게 많다. 광명 같은 경우 재개발 구역이 무려 16개나 된다. 각 구역마다 프리미엄이 다른데, 사업장마다 조건이 다르기 때문이다. 사업장의 장단점이 모두 반영된 것이 프리미엄이다. 어떤 곳은 역에 가깝지만 조합원 분양가가 턱없이 높다. 어떤 곳은 입지가 안 좋지만 조합원 수가 적어 사업성이 좋다. 어떤 곳은 세대수가 크고, 어떤 곳은 세대수는 작지만 지하철역과 가깝다. 이런저런 조건들을 하나하나 따져 보고 조건에 비해 프리미엄이 덜 반영된 곳을 찾아야 한다.

정비사업에 대한 기본 지식 없이 현장을 방문하면 무시당하기 일쑤이다. 부동산중개사가 불친절해서라기보다는 하나하나 설명해 주기에는 알려 줘야 할 게 많아서이다. 어느 정도 지식이 있어야 좋은 질문도 가능하고, 말이 잘 통해야 더 좋은 조건의 물건도 알아볼 수 있다. 뚜껑(토지 지분이 없음에도 불구하고 입주권이 나오는 무허가건축물을 일컫는 말)이나 도로(구역 내 도로는 입주권이 나옴) 같은 매물이 나와도 그것이 어떤 상품인지 모르는 사람에겐 굳이 권하지 않을 게 분명하다. 가치를 알아보고 원하는 사람에게 기회는 가기 마련이다.

정비사업 중에서도 재건축, 재개발에 대한 기초를 제대로 공부하게 해 준 책이 바로《돈되는 재건축 재개발》이다. 나는 이 책 한 권으로 정비사업 전반에 관한 기본 지식을 습득했다. 주위에서 정비사업을 공부하고 싶다는 사람들에게 무조건 추천하는 책이다. 한 권만 제대로 공부해도 현장에 나가서 부동산중개사와 주눅 들지 않고 대화할 수 있다. 책에 나온 모든 내용을 100% 이해하고 계산까지 척척할 수 있는 건 아니지만 기본적인 사업성을 이해하고 투자할 물건을 고를 만큼 충분한 지식은 얻었다. 정비사업에 관심이 없던 사람도, 관심은 있지만 접근하기 어렵다고 생각하는 사람도, 앞으로 재건축이나 재개발에 투자해 보고 싶은 사람도 제일 먼저 이 책으로 공부하길 추천한다.

《앞으로 3년, 재건축에 돈을 묻어라》는 20여 년간 추진된 100여 개의 재건축 사업장의 이야기를 담은 책이다. 어떤 이유로 재건축이 무산됐는지, 진행 과정에서 어떤 불화가 생길 수 있는지, 추진이 잘 된 이유는 뭐였는지 실제 사례를 들려준다. 책을 읽다 보면 나도 모르게 조합원에 빙의되는 경험을 하는데, 어떻게 해결했는지 결과가 궁금해 손에서 책을 놓을 수 없던 적도 있었다. 과거에 시작해 현재까지 진행 중인 구역의 역사를 읽는 것도 매우 흥미롭다.

 레비앙의 한 줄 Pick

'시간을 돈으로 바꾸는 투자.' 재건축 · 재개발 투자는 투자금도 상대적으로 많이 들고, 투자 기간도 길고, 사업 진행 중에 이러저러한 일들이 일어나면 사업이 지연되는 일들도 생깁니다. 그러나 이런 인고의 시간이 지나고 나면 마지막에 돌아오는 투자 수익은 그 어느 투자보다도 달콤합니다.

《돈되는 재건축 재개발》 중에서

20여 년 동안 약 100여 개의 재건축 사업을 경험한 결과, 재건축 사업의 성공과 실패 요인은 다르지 않았습니다. 바로 조합원들의 화합과 신속한 사업 추진입니다. 여러 가지로 좋은 사업여건을 가지고 있더라도 조합원들이 반목해 사업이 지연된다면 재건축 사업은 성공할 수 없습니다. 반면 사업성이 열악해도 조합원들의 화합으로 신속하게 사업이 추진된다면 성공적으로 사업을 마무리할 수 있습니다. 《앞으로 3년, 재건축에 돈을 묻어라》 중에서

독서법 & 정리법

《돈되는 재건축 재개발》, 이정열(열정이넘쳐), 잇콘, 2017.
《앞으로 3년, 재건축에 돈을 묻어라》, 김선철, 원앤원북스, 2015.

독서법 | 정독
정리법 | 새로 알게 된 용어 및 내용을 꼼꼼하게 정리

정비사업은 비례율, 수익성 같은 생소한 용어들이 등장한다. 정비사업의 단계에서만도 추진위, 조합설립, 관리처분, 사업시행 등등 필수적으로 알아야 하는 용어들이 있다. 정비사업을 공부하려면 반드시 알아야 할 기본 용어들을 먼저 정리한 후, 그 의미를 정확히 이해하는 것이 필요하다.

책을 읽다 보면 비례율이니 감정평가액이니 하는 복잡한 수식이 등장하는데, 여기서 책을 덮고 싶은 충동을 이겨 내야 한다. 100% 이해하고 넘어가면 좋지만 처음부터 다 이해할 수 있을 거란 욕심을 내려놓으면 책 읽기가 훨씬 수월해진다. 우선 이해가 안 되더라도 책을 쭉 읽어 본다. 초기 사업장에 진입하려는 것이 아니라면 계산식까지 완벽하게 이해할 필요는 없다. 계산 역시 추정치일 뿐 완벽하게 계산할 수 있는 것도 아니기 때문이다. 부담감을 조금 내려놓고 '이해되는 것만 알아 가

자'라는 가벼운 마음으로 책을 완독한다.

정비사업을 제대로 이해하는 가장 좋은 방법은 정비사업이 진행되고 있는 구역을 찾아가는 것이다. 정비사업 경험이 많은 중개업소를 찾아가거나, 조합사무실을 찾아가 직접 설명을 듣는 것이 가장 좋다. 다만 성급하게 현장부터 가기보다는 설명을 들으면 알아들을 수 있을 정도의 기본 지식을 책으로 공부하고 가는 게 좋다.

정비사업구역 현황 조사하기

정비사업의 핵심은 '속도'라는 말이 있다. 사업성, 입지와 같은 중요한 요소들을 모두 제치고 속도를 핵심으로 꼽는 데는 그럴만 한 이유가 있다. 정비사업은 시간과의 싸움이다. 추진부터 새 아 파트가 완성되기까지 긴 시간이 요구되는데, 그 사이 경제나 부 동산 시장 상황이 어떻게 변할지 알 수 없다. 상승장에서 사업이 시작했더라도 진행되는 과정에서 시장 상황이 급변하면 멈출 수 있는 것이 정비사업이다. 강성 비대위가 조직되거나 소송에라도 휘말리면 1-2년의 시간은 금방 지나간다. 시간이 지나는 만큼 사 업비가 추가되고 조합원들의 재산에 피해를 입히게 된다. 심한 경우 예상치 못한 부담금이 발생할 수도 있다. 그렇기 때문에 해 당 사업장이 어떤 단계를 거치고 있느냐가 투자 기간을 좌우하는 중요한 요소이다. 이러한 리스크는 프리미엄에 그대로 반영된다. 초기 단계인 사업장은 리스크가 큰 만큼 프리미엄이 작게 형성되 고, 단계가 많이 진행된 사업장은 프리미엄이 높다. 프리미엄을 포함한 매수 금액이 인근 새 아파트 가격만큼 올라간 곳도 있다. 리스크의 크기만큼 프리미엄으로 가격에 반영된다는 점에서 시장 가격은 매우 정직하다고 볼 수 있다.

단계를 정확히 알아야 하는 또 하나의 이유가 있다. 정비사업의 프리미엄 상승이 주변 집값을 자극하는 요인이 되자 정부는 정비사업에 각종 규제를 쏟아 내기 시작했다. 개인 재산이지만 일정 단계 이후에는 사고팔지 못하도록 조합원권리승계를 제한한다. 투기과열지구 내에서 재건축은 조합설립 이후부터, 재개발은 관리처분 이후부터 거래가 제한된다. 특히 재개발구역은 2018년 1월 24일 이전에 사업시행인가를 신청한 구역만 관리처분인가 이후에도 조합원 지위양도가 가능하다. 관리처분인가가 난 재개발 구역에 관심이 있다면 사업시행인가 신청일을 반드시 확인해야 한다. 무턱대고 계약을 했다가 조합원 자격을 얻지 못하고 현금청산자가 돼 손해를 볼 수도 있다. 이러한 제한 규정 때문에 정비사업이 더 어렵게 느껴지기도 한다. 하지만 자신의 재산을 지키고 권리를 제대로 주장하려면 스스로 공부하는 방법밖에 없다.

내가 갖고 있는 아파트(혹은 빌라)가 얼마만큼의 가치를 갖고 있는지 계산할 수 있어야 한다. 건물이 부서지기 전 감정평가를 통해 내 물건의 가치를 감정하고 환산된 가액을 통보받는다. 하지만 정확한 감정가는 사업이 일정 단계 이상 진행된 후에야 알 수 있다. 초기 단계 사업장에 진입하기 위해서는 감정가가 나오기 전에 내 물건이 어느 정도의 가치를 인정받을 수 있을지 대략 계산할 수 있어야 한다. 대체로 감정가는 공시지가를 기준으로 판단한다. 보유세를 매기는 기준인 공시지가는 기본적으로 해당 물건의 가치를 반영하고 있다. 같은 아파트라도 동마다 공시가가 다르고, 같은 동에서도 1층보다 10층의 공시가가 높다. 주택의 경우라면 지층보다는 지상층의 가치가 높고, 4m 도로를 끼고 있는 집보다 6m 도로를 끼고 있는 집이 높다. 상식 같은 얘기지만 공부하지 않은 사람에게는 어려운 이야기이다. 기왕이면 공시가가 높고, 감정가도 높게 나올 수 있는 것을 골라야 한다. 그만큼 알아야 물건을 잘 고를 수도 있다.

내 물건의 정확한 가치를 이해하기 위해서는 감정가와 더불어 비례율을 이해해야 한다. 간단하게 말하면 비례율은 내 물건의 가치를 높게 평가해 주는 비율이다. 예를 들어 내가 가진 아파트 감정가가 5,000만 원인데 비례율이 100%면 내 물건의 가치는 감정가 그대로 5,000만 원이다. 그런데 비례율이 120%로 올라가면 5,000만 원이었던 내 물건의 가치는 6,000만 원(5,000만 원*120%)으로 올라간다. 가만히 있었는데 1,000만 원을 올려 받은 셈이다. 감정가나 비례율이 정확히 나오기 전, 같은 가격을 주고 산 물건이 추후 권리가액에서 차이가 나는 경우가 많다. 기왕이면 권리가액을 많이 인정받을 수 있는 물건을 고르는 것이 현명하다. 그러기 위해서는 비례율이 올라갈 만한 사업장, 공시가격 대비 감정가를 많이 받을 수 있는 조건의 물건을 고르는 안목이 필요하다.

비례율이 올라갈 수 있는 사업장이 좋다는 것을 이해했다면 여러 구역 중에서 어떤 곳이 비례율이 높게 나올 수 있는지 공부해야 한다. 정비사업에서는 기존 조합원에게 분양하고 남은 물량을 일반분양한다. 일반분양을 통해 벌어들인 돈으로 공사비와 각종 비용을 충당하고 남는 금액은 조합원에게 나눠 주는 구조이다. 따라서 사업장이 크면서 조합원수가 작은 곳이 비례율이 높아질 가능성이 있다. 조합원이 많더라도 시장 분위기가 좋아서 일반분양가를 예상보다 높여 분양한다면 비례율도 높아질 수 있다.

정비사업에 관심이 있다면 반드시 확인해야 하는 항목을 표로 만들었다. 관심 있는 구역이 있다면 현장을 방문해 아래 정보를 확인해 보는 게 좋다. 책을 읽고 공부한 사람에게는 빈칸 채우기를 해 보고 싶은 욕구가 느껴질 것이다. 구역마다 이런 정보를 찾아서 자료를 쌓아 가다 보면 당신은 어느새 주변에서 정비사업 전문가답다는 얘기를 듣게 될지도 모른다.

• 정비사업에서 확인해야 하는 항목 •

인천 부평구 산곡동 (2019.11.1.기준)	산곡4재개발	산곡5재개발	산곡6재개발	산곡7재개발
진행단계	이주 중	사업시행인가	사업시행인가	조합설립
시공사	두산	코오롱+금호	GS+현대+코오롱	미정
총세대수	799	1498	2706	1780
일반분양세대수	506	740	1432	미정
조합원분양가	(59㎡)2억 7,000 (84㎡)3억 5,000	미정	(59㎡)2억 7,500 (84㎡)3억 5,700	미정
면적	39381	88025	92894	85395
진행상황	관리처분인가일 2018.11.23	사업시행인가일 2011.8.9	감정평가통보 2019.7	조합설립일 2010.4.30

구역명 (2019.8 기준)	산곡6구역 주택재개발		사업단계	사업시행인가
조합원 세대수	1269	용도지역	2종일반	추정비례율	100.43
총분양 세대수	2706	총대지면적	37374평	조합원분양가	(59)2억 6,400 (84)3억 5,700
일반분양 세대수	1432	세대당 평균지분	10.4평	일반분양가	(59)3억 9,000 (84)5억 1,000
임대 세대수	139 (5%)	기부채납비율	9379평 (25%)	분담금 (평균값)	(59)1억 2,600 (84)1억 3,600

매물 (2019.8 기준)		59 신청 시		시세비교단지	
감정평가금액	1억 8,300	조합원분양가	2억 6,400	아파트명	산곡푸르지오
프리미엄	1억 1,000	일반분양가	3억 9,000	입주년월	2011.10
매매가	2억 9,300	분담금	1억 2,600	세대수	765
전세보증금	1억 3,000	매매가	2억 9,300	KB매매가 (일반가)	3억 9,000
투자금	1억 6,300	총매수가	4억 1,900	KB전세가 (일반가)	3억 1,000

규제가 점점 강화되면서 규제에서 벗어난 지역으로 사람들의 관심사가 넓어지고 있다. 특히 비조정지역의 정비사업 인기가 날로 높아지고 최근에는 지방 정비사업장으로도 많은 사람들이 진입하고 있다는 소식이 들린다. 그런 분위기에 맞춰 "이 사업이 과연 진행될까" 싶던 곳도 사업 추진에 동력을 받는 분위기이다. 100여 개 넘는 정비사업이 진행되고 있는 인천이 대표적이다. 인천이 오르면 시장이 꼭지라며 외면하고 있다가 지금 후회하고 있는 사람도 많을 것이다. 부동산 공부를 하는 사람이라면 지역에 대한 편견만큼은 버려야 한다는 것을 정비사업을 공부하며 크게 깨달았다. 내가 살고 있는 지역부터 공부를 시작하되 모르는 지역, 편견을 갖고 있던 지역도 꾸준히 관심을 가져야 더 많은 기회를 잡을 수 있다.

서울 재건축 대상 아파트

재건축이 어느 정도 진행된다 싶으면 이미 시세가 천장까지 반영된 느낌이다. 현 정부의 규제정책으로 미루어 본다면 초기 단계의 재건축은 쉽게 진행되기 어려워 보인다. 그렇다고 재건축에 관심을 끌 것인가? 그러기에는 조금 아쉬운 면이 있다. 부동산 시장에 사이클이 있다고 한다면 긴 상승장을 지나고 있는 현 시점에서 생각할 수 있는 것은 곧 다가올 하락장과 그 다음에 다가올 상승장이다. 하락장이 곧 올지 계속 더 상승할지는 아무도 모른다. 하락장이 한 번 오면 다시 반등하지 못하고 장기간 침체에 빠질 수도 있다. 하지만 우리가 예상하고 기대하는 것처럼 길지 않은 하락장과 새로운 상승장이 올 수도 있다. 그렇다면 지금은 추진되기 어려운 곳이지만 시간이 조금 흐른 뒤에 재건축 대상이 될 아파트를 공부해 두는 것은 큰 의미가 있다.

서울의 아파트는 계속 낡아 가고 있다. 낡은 집들이 무너져 인명사고가 우려된다는 뉴스가 점점 많아지면 정부에서도 언제까지 재건축을 규제하지는 못할 것이다. 대안으로 리모델링이나 소규모 정비사업이 활발하게 논의되는 곳도 있지만 재건축이나 재개발만큼 파급력이 있지는 않다. '지금 너무 올라 비싼 것 말고, 향후 새것이 될 가능성이 높은 아파트는 어디일까? 당연히 제일 오래 된 아파트부터 하겠지?'라는 단순한 답이 떠오른다. 그래서 서울 아파트 나이를 전수조사 해야겠다고 생각했다. 그렇게 자료를 모아 놓은 것이 레비앙 블로그의 '재건축, 재개발 대상 아파트 시리즈'이다.

강남구에서 가장 오래된 아파트는 압구정동 현대아파트이다. 오래된 아파트 1위부터 9위 사이에 논현동 청학아파트를 빼면 모두 압구정동 아파트들이다. 1970년대에 지어졌으니 40년 이상 됐다. 20위까지로 범위를 넓혀도 압구정에 있는 아파트들 빼고는 대치동의 은마아파트가 가장 눈에 띈다. 압구정동은 지구단위계획으로 묶어서 진행된다고 하고, 논현동 청학아파트는 조합이 설립돼 진행 중인데 은마아파트만 나이에 비해 아직 초기 단계에 불과하다. 대치동에서 입증된 입지이며 단지수도 매머드급이기 때문에 재건축이 기대가 되는 아파트임에는 틀림없다. 조금 아래로 내려가면 준공한 지 38년째 되는 개포주공 5, 6, 7단지가 보인다. 압구정이나 은마에 비하면 아직 덜 낡았지만 재건축연한을 넘긴 것은 분명하다. 개포주공1-4단지가 한창 신축으로 변하고 있는 것을 보면 5, 6, 7단지의 미래도 쉽게 그려 볼 수 있다. 아파트 몇 개를 조사한 것뿐인데 벌써부터 강남구에서 관심을 갖고 지켜볼 만한 재건축 대상 아파트가 눈에 띈다. 현재 초기 단계인 정비사업 대상 아파트들은 사업의 완성까지 몇 년이 걸릴지 예측하기 힘들다. 지금의 규제라면 사업성이 더 나빠질 수도 있다. 다만 시장의 상황, 규제의 변화, 진행 과정, 시세 변동을 예의 주시하다 보면 생각지도 못한 타이밍을 포착할 수 있지 않을까?

● 강남구 아파트 연식순 (1983년까지) ●

(2020. 06.15 기준)

순	동	아파트	건축연도	가구수	정비사업 진행 상황
1	압구정동	현대1,2차	1976	960	특별
2	압구정동	현대3차	1976	432	특별
3	논현동	청학	1976	70	조합설립인가
4	압구정동	현대4차	1977	170	특별
5	압구정동	영동한양1차	1977	936	특별
6	압구정동	현대5차	1977	224	특별
7	압구정동	한양2차	1978	296	특별
8	압구정동	한양3차	1978	312	특별
9	압구정동	한양4차	1978	286	특별
10	역삼동	개나리4차	1979	264	착공

11	압구정동	현대6,7차	1979	1,288	특별
12	대치동	은마	1979	4,424	추진위원회
13	압구정동	한양5차	1979	343	특별
14	청담동	삼익	1980	888	관리처분인가
15	압구정동	한양6차	1980	227	특별
16	압구정동	현대8차	1981	515	특별
17	압구정동	한양7차	1981	239	조합설립인가
18	신사동	현대맨션	1981	138	
19	삼성동	홍실	1981	384	관리처분인가
20	삼성동	상아2차	1981	478	분양
21	압구정동	신현대(현대9,11,12차)	1982	1,924	특별
22	압구정동	현대10차	1982	144	특별
23	개포동	개포주공1단지	1982	5,040	철거
24	압구정동	미성1차	1982	322	특별
25	개포동	개포주공4단지	1982	2,840	관리처분인가
26	청담동	현대1차	1982	96	
27	대치동	대치쌍용1차	1983	630	사업시행인가
28	도곡동	삼익	1983	247	추진위원회
29	개포동	개포주공5단지	1983	940	추진위원회
30	개포동	개포주공6단지	1983	1,060	추진위원회
31	개포동	개포주공7단지	1983	900	추진위원회

뉴타운

"강남에 재건축이 있다면 강북에는 재개발(뉴타운)이 있다."

강남에는 재건축 사업으로 신축 아파트가 들어서고 있다면, 강북에는 낡은 동네를 천지개벽하게 만드는 뉴타운(재개발) 사업이 있다. 평단가가 높고 일반분양가도 높게 나오는 강남의 경우 재건축이 수월하게 진행될 가능성이 높다. 하지만 평단가도 낮고 일반분양가를 많이 높일 수도 없는 강북 지역은 사업성이 약하고 그만큼 추진 동력도 떨어진다. 아파트만 새것으로 들어온다고 해결되는 것도 아니다. 도로가 새로 생기고 기반 시설이 함께 좋아져야 하기 때문에 강북에는 재건축보다 재개발이 필요하다.

강북에서 뉴타운 사업이 활발하게 진행되면서 신축 바람이 불어왔다. 일명 강북의 강자인 '마래푸(마포래미안푸르지오)'는 송파구 아파트와 시세를 나란히 하는 위치까지 올라왔다. "이게 다 마래푸 때문이다"라는 우스갯소리처럼 강북의 아파트도 이제 10억을 넘는 것이 신기하지 않은 시대가 도래했다. 이것이 뉴타운 사업의 힘이다.

재개발은 재건축과는 다른 규정을 적용받아 좀 더 까다롭게 느껴진다. 어려워 보이지만 지어질 때마다 시세를 분출하는 아파트를 보며 제대로 공부해 보고 싶다는 욕구가 생겼다. 재건축과 마찬가지로 서울에서 진행된 뉴타운 사업을 전수조사해 보기로 마음먹었다. 전수조사가 쉬워서가 아니다. 모두 조사하는 데 몇 달이 걸리기도 했다. 기왕 공부하기로 마음먹은 것 현재 진행되는 것뿐 아니라 과거에 진행돼 완료된 것까지 모두 조사했다. '철도 파헤치기'에서 봤던 것처럼 재개발 사업 역시 많은 시간이 요구되는 사업이었다. 잘 진행되던 사업이 중단된 경우도 있고, 중단됐던 사업이 다시 추진된 경우도 있다. 시장 상황이 안 좋은 시기에 분양하는 바람에 미분양이 발생해 조합원들이 추가부담금을 내야 했던 사업장도 있다. 그때는 애물단지 같았을지 몰라도 지금은 분양가의 2배가 넘는 시세를 보이는 곳도 있다.

이미 성공적으로 진행된 1차 뉴타운으로 왕십리, 길음, 은평뉴타운이 있다. 2차 뉴타운은 현재진행형으로 심지어 아직 한 구역도 지어지지 않은 곳도 있다. 그 와중에 3차 뉴타운이 진행되고 있다. 오히려 3차 뉴타운 중에서 2차 뉴타운보다 더 빨리 진행되고 있는 구역도 많다. 이렇게 많은 뉴타운이 진행되고 있는 것도 놀랍지만, 모르는 사이에 엄청나게 새로운 모습으로 동네가 바뀌어 가고 있다는 것이 더 놀랍다. 한두 구역에서만 새 아파트가 지어지면 처음에는 크게 주목받지 못하는 경우가 많은데 이는 신길 뉴타운을 비롯해 대부분의 뉴타운이 그랬다. 하지만 마지막 구역이 완성될 즈음에는 엄청난 시너지 효과가 난다. 동네 전체가 새 아파트 단지로 탈바꿈하기 때문이다. 기반 시설까지 개선하는 뉴타운의 효과는 상상 이상으로 크다. 강북의 시세를 주도하는 아파트들이 대부분 뉴타운 사업으로 탄생했다.

지금이라도 왜 뉴타운 사업을 공부해야 하는지 이해가 됐으리라 생각한다. 이미 늦었다고 생각되겠지만 아직도 2차 뉴타운은 완성되지 않았다. 3차 뉴타운은 초기 단계인 구역도 많다. 지금 대장이 된 아파트 옆에 더 신축인 아파트가 들어선다면 향후에는 그 아파트가 대장이 될 거란 예측이 가능하다.

1차 뉴타운	길음, 은평, 왕십리
2차 뉴타운	미아, 교남(돈의문), 가재울, 방화, 아현, 신정, 한남, 전농답십리, 천호, 중화, 노량진, 영등포
3차 뉴타운	북아현, 수색증산, 신길, 시흥, 신림, 흑석, 거여마천, 창신, 이문휘경, 장위, 상계

2차 뉴타운으로 완성된 신축 아파트는 아래와 같다. 랜드마크로써 뉴스 기사에 오르내리는 익숙한 아파트들이 많이 보인다. 처음 뉴타운 사업을 진행한다고 했을 때는 아무도 관심을 가지지 않아서 미분양이었던 아파트도 많다. 그런 아파트가 지금은 어떤 대접을 받는지 기억해야 한다. 앞으로 그런 대접을 받을 아파트를 알아볼 수 있어야 하기 때문이다.

• 2차 뉴타운 입주 혹은 분양 완료 아파트 •

2차 뉴타운	구역	아파트명	입주/입주예정일
가재울뉴타운	2구역	DMC센트레빌	2010
가재울뉴타운	3구역	DMC래미안이편한세상	2012
가재울뉴타운	4구역	DMC파크뷰자이	2015
가재울뉴타운	6구역	DMC에코자이	2019
가재울뉴타운	5구역	래미안DMC루센티아	2020
가재울뉴타운인근	남가좌1구역	DMC2차아이파크	2018
교남돈의문뉴타운	1구역	경희궁자이1,2,3,4단지	2017
답십리뉴타운	16구역	래미안위브	2014
답십리뉴타운	18구역	래미안미드카운티	2018
답십리뉴타운	14구역	답십리파크자이	2019
미아뉴타운	6구역	래미안트리베라1차	2010
미아뉴타운	12구역	래미안트리베라2차	2010
미아뉴타운	10-1구역	송천센트레빌	2010
미아뉴타운	8구역	두산위브트레지움	2011
미아뉴타운	9-1구역	꿈의숲효성해링턴플레이스	2019
미아뉴타운인근	3-111구역	꿈의숲한신더휴	2022
신정뉴타운	1-2구역	두산위브	2012

신정뉴타운	1-4구역	롯데캐슬	2014
신정뉴타운	1-1구역	목동센트럴아이파크위브	2020
신정뉴타운	2-1구역	래미안목동아델리체	2021
신정뉴타운	2-2구역	호반써밋목동	2022
아현뉴타운	아현3구역	마포래미안푸르지오	2014
아현뉴타운	아현4구역	공덕자이	2015
아현뉴타운인근	염리2구역	마포자이3차	2018
아현뉴타운인근	대흥2구역	신촌그랑자이	2020
아현뉴타운인근	염리3구역	마포프레스티지자이	2021
영등포뉴타운	1-4구역	아크로타워스퀘어	2017
영등포뉴타운	1-3구역	포레나영등포	2020
전농뉴타운	7구역	래미안크레시티	2013
전농뉴타운	11구역	동대문롯데캐슬노블레스	2018

(2020.07.24 기준)

● 3차 뉴타운 입주 혹은 분양 완료 아파트 ●

3차 뉴타운	구역	아파트명	입주/입주예정일
거여뉴타운	2-1구역	송파시그니처롯데캐슬	2022
거여뉴타운	2-2구역	e편한세상송파파크센트럴	2020
북아현뉴타운	1-3구역	e편한세상신촌	2017
북아현뉴타운	1-2구역	신촌푸르지오	2015
북아현뉴타운	1-1구역	힐스테이트신촌	2020
수색뉴타운	9구역	DMC SK뷰	2021
수색뉴타운	4구역	DMC롯데캐슬더퍼스트	2020
신길뉴타운	14구역	뉴타운아이파크	2019
신길뉴타운	3구역	더샵파크프레스티지	2022
신길뉴타운	12구역	신길센트럴자이	2020
신길뉴타운	7구역	래미안에스티움	2017
신길뉴타운	11구역	래미안프레비뉴	2015

신길뉴타운	5구역	보라매SK뷰	2020
신길뉴타운	8구역	신길파크자이	2020
신길뉴타운	9구역	힐스테이트클래시안	2020
장위뉴타운	7구역	꿈의숲아이파크	2020
장위뉴타운	5구역	래미안장위퍼스트하이	2019
장위뉴타운	1구역	래미안장위포레카운티	2019
장위뉴타운	2구역	꿈의숲코오롱하늘채	2017
휘경뉴타운	2구역	휘경SK뷰	2019
휘경뉴타운	1구역	휘경해모로프레스티지	2020
흑석뉴타운	8구역	롯데캐슬에듀포레	2018
흑석뉴타운	7구역	아크로리버하임	2019
흑석뉴타운	5구역	흑석한강센트레빌	2011
흑석뉴타운	6구역	흑석한강센트레빌2차	2012
흑석뉴타운	4구역	흑석한강푸르지오	2012

(2020.07.24 기준)

입주를 하거나 분양한 아파트는 이미 너무 비싸다. 우리가 주목해야 할 곳은 아직 완성되지 않았으나 미래 가치를 품고 있는 구역들이다. 앞에서 잘 끌어 준 언니오빠 구역들이 있기에 동생 구역은 후광을 업고 쭉쭉 진행되고 있다. 현재 진행되고 있는 구역들을 정리해 보고, 진행 과정과 시세 변화에 꾸준히 관심을 가져 보길 바란다.

뉴타운이 계획된 구역 중에는 사업이 잘 진행된 곳도 있지만 긴 사업 기간을 견디지 못하고 해제된 곳도 있다. 해제가 되면 기존의 낡은 집들이 그대로 유지되는 경우도 있지만 신축 빌라들이 지어지는 곳도 있다. 이런 곳은 소규모 주택정비사업이 진행되기도 한다. 정부 정책상 재건축, 재개발과 같은 대규모 정비사업은 제재를 강화하는 반면 소규모 주택정비사업(자율주택 정비사업, 가로주택 정비사업, 소규모 재건축 사업)은 권장하는 추세이다. 정부의 규제에 맞서지 말라는 말도 있듯이 군이 규제를 가하는 사업보다는 정부가 권장하는 사업에 관심을 갖는 것도 좋은 방법이다. 아직 제대로 추진된 전례가 없어서 어떻게 공부해야 할지 방향을 잡기 힘들지만 답은 현장에 있는 경우가 많다. 남들이 아직 관심을 갖지 않은 새로운 문제지에서 참신한 답안을 찾는 것도 좋은 방법이다.

진행 중인 2차 뉴타운		진행 중인 3차 뉴타운	
가재울뉴타운	7구역	신길뉴타운	10구역
노량진뉴타운	1구역	신길뉴타운	13구역
노량진뉴타운	2구역	마천뉴타운	1구역
노량진뉴타운	3구역	마천뉴타운	3구역
노량진뉴타운	4구역	마천뉴타운	4구역
노량진뉴타운	5구역	북아현뉴타운	2구역
노량진뉴타운	6구역	북아현뉴타운	3구역
노량진뉴타운	7구역	상계뉴타운	1구역
노량진뉴타운	8구역	상계뉴타운	2구역
미아뉴타운	3구역	상계뉴타운	4구역
미아뉴타운	미아촉진2	상계뉴타운	5구역
미아뉴타운	미아촉진3	상계뉴타운	6구역
미아뉴타운	미아촉진4	수색뉴타운	6구여
미아뉴타운	4-1구역	수색뉴타운	7구역
미아뉴타운	9-2구역	수색뉴타운	8구여

방화뉴타운	3구역	수색뉴타운	13구역
방화뉴타운	5구역	신길뉴타운	2구역
방화뉴타운	6구역	신림뉴타운	1구역
신정뉴타운	4구역	신림뉴타운	2구역
신정뉴타운	1-3구역	신림뉴타운	3구역
아현뉴타운	2구역	이문뉴타운	1구역
영등포뉴타운	1-2구역	이문뉴타운	3구역
영등포뉴타운	1-11구역	이문뉴타운	4구역
영등포뉴타운	1-12구역	장위뉴타운	3구역
영등포뉴타운	1-13구역	장위뉴타운	4구역
전농뉴타운	9구역	장위뉴타운	6구역
전농뉴타운	8구역	장위뉴타운	10구역
중화뉴타운	1구역	장위뉴타운	14구역
천호균형발전촉진지구	4구역	증산뉴타운	2구역
천호도시환경정비사업	1구역	증산뉴타운	5구역
천호주택재건축	2구역	휘경뉴타운	3구역
천호주택재건축	3구역	흑석뉴타운	1구역
천호주택재건축	4구역	흑석뉴타운	2구역
천호주택재건축	5구역	흑석뉴타운	3구역
천호주택재건축	6구역	흑석뉴타운	9구역
한남뉴타운	2구역	흑석뉴타운	11구역
한남뉴타운	3구역		
한남뉴타운	4구역		
한남뉴타운	5구역		

참고: 서울시클린업 (2020.6.15.기준)

6장

경제

: 세후 수익이 진정한 수익이다

절세

– 돈을 불리는 것보다
지키는 게 더욱 중요하다

"지금 부동산을 사면 세금을 엄청 내야 하는 거 아니에요?"

"집이 두 채 이상이면 세금이 많다던데 한 채는 빨리 팔아야 할까요?"

"다른 건 그래도 해 보겠는데 세금 공부는 너무 어려워서 못하겠어요."

부동산 공부를 한다고 하면 가장 먼저 받는 질문들이다. 처음 이런 질문을 받았을 때는 '정말 몰라서 질문하는 건가? 몰라도 너무 모르는 거 아니야?'라는 생각이 들기도 했다. 이제는 이런 질문을 하는 사람들이 많아서 전혀 이상하게 생각되지 않는다. 대신 '세금에 관해 무지한 사람들이 생각보다 많구나'라는 사실을 알게 됐다.

많은 사람들이 세금 공부는 가장 늦게 관심을 갖는다. 집을 살 때는 대체로 세금에 대해 알아야 할 게 별로 없기 때문이다. 2019년까지는 재산세 외에는 부동산을 소유하는 동안에도 세금 부담이 크지 않았다. 종부세(종합부동산세)에 해당되는 사람도 거의 없었다. 하지만 부동산을 매도하려고 하면 그때부터 세금에 관심을 갖기 시작한다. 계약서에 도장을 찍고 나서 양도세 신고를 하려고 보니 생각보다 복잡하고 세금도 많아서 부랴부랴 관심을 갖는 사람이 대부분이다. 계약 날짜 하루 차이로 엄청난 세금이 왔다 갔다 했다는 걸 뒤늦게 알고 아까워하는 사람도 많다.

7.10 대책에서 다주택자와 법인의 취득세 인상 발표로 부동산 시장이 패닉에 빠졌다. 다른 지역으로 혹은 큰 평형으로 갈아탈 계획인 일시적 1가구 2주택자에게도 해당된다는 말에 민심이 들끓었다. 다행히 일시적 1가구 2주택자에 대한 예외규정은 인정한다고 발표했지만 2주택 이상인 사람들에게 취득세 8-12% 부과는 더 이상 집을 사지 말라는 강력한 메시지로 해석된다. 바꾸어 말하면 현재 무주택자나 갈아타기를 계획하는 1주택자에게는 기회일 수도 있다는 의미이기도 하다.

2020년부터는 그동안 유예했던 임대소득세를 부과한다. 자가 외에 임대를 주고 있는 집이 있으면 거의 모두 세금부과 대상이 된다. 공제금액을 제하면 임대를 주고 있다고 해서 모두 세금이 부과되는 것은 아니지만 신고를 해야 한다는 자체가 큰 부담으로 느껴진다. 그 사이 집값은 크게 오르고 종부세율이 강화돼 대상자도 크게 늘었다. 임대소득세든 종부세든 안 내던 세금을 내라고 하면 괜히 억울한 것이 사람의 마음이다. 그제야 절세에 대해 고민하지만 이미 늦은 경우가 대부분이다. 늦었다고 해서 앞으로도 쭉 모른 채 살아가면 안 되지 않는가. 쥐꼬리만한 월급을 받는 회사원도 연말정산에서 조금이라도 더 세금을 환급받기 위해 고심하며 개인연금에 들기도 하고, 현금영수증을 꼬박꼬박 발급받곤 한다. 하물며 훨씬 큰 세금이 부과되는 부동산 세금은 반드시 공부해야 하는 부분이다.

최근 부동산 관련 세금 규정이 매우 복잡해지다 보니 양도세는 다루지 않겠다는 '양포세무사'가 등장하기도 했다. 전문가인 세무사조차 까다로워 할 만큼 복잡해졌다는 얘기이다. '세무사도 포기한다는데 내가 공부한다고 소용이 있겠어?'라고 생각할 수 있지만 나도 세무사도 포기하면 내 재산은 과연 누가 지켜 준단 말인가!

세금이 어려운 이유는 고려해야 할 변수가 많기 때문이다. 거주 기간, 보유기간, 임대등록여부, 보유수에 따라 달라져서 어렵게 느껴진다. 내 물건에 해당하는 조건은 자신이 가장 잘 안다. 전문가의 조언을 받는다 하더라도 내가 세금 지식이 있는 것과 그렇지 않은 것은 큰 차이가 있다. 그냥 알아서 다 해 주겠지 하는 태도보다 수많은 예외 규정 중에서 나에게 해당될 만한 조건을 찾아내 적극적으로 조언을 구하는 것이 현명한 방법이다.

오랜 부동산 가격 상승에 지친 정부는 최근 강력한 세금정책으로 부동산 시장을 강제적으로 잠재우려고 한다. 5억짜리 집을 매수하는 데 취득세(2주택 이상)만 4,000만 원이 넘고 보유하는 기간 동안 임대소득세와 재산세, 종부세로 1,000만 원가량(개별 조건에 따라 상이함)의 세금이 부과될 수 있다. 단기 보유 시 양도세를 내면 상승분보다 더 많은 세금을 내야 할 수도 있다. 세금이 무서워서 투자를 못한다는 말은 어리석다고 하지만 지금은 세금에 대해 철저한 대비가 필요한 시점이다.

그러면 세금이 강화됐다고 해서 아무것도 하지 말아야 할까? 세금 때문에 아무것도 못한다고 체념하는 사람이 있는가 하면 그럼에도 불구하고 새로운 정답지를 찾는 사람도 있다. 원래부터 취득세가 4.6%였던 토지나 수익형부동산, 재산세나 임대소득세가 적게 나오는 낡은 아파트나 빌라 등의 정비사업 물건, 관리처분

이후 종부세 대상이 되지 않는 입주권 등은 투자 대상으로 더욱 관심을 받게 될 것이다.

    돈을 불리는 것도 중요하지만 돈을 지키는 것은 더욱 중요하다. 굳이 내지 않아도 될 세금을 줄이려는 공부도 필요하다. 매수, 매도 경험이 쌓일수록 세금에 대한 지식은 더욱 간절해지게 된다. 필요하다고 생각될 때는 이미 늦었다는 것을 꼭 기억하기 바란다.

 레비앙의 한 줄 Pick

> 세금을 제대로 알지 못하면 내가 수년간 애써 번 돈이 모두 사라질 수 있다는 것은 물론, 자칫하면 내가 가지고 있는 다른 재산까지도 날아갈 수 있다는 것을 깨달았다. 부동산 투자를 하면 할수록 공격(투자) 못지않게 방어(절세)가 중요하다는 것을 깨닫게 된다. 아무리 높은 수익률을 올리는 투자자라도 세금이라는 총알로부터 나를 지키지 못한다면 아무 소용이 없다.
>
> 《투에이스의 부동산 절세의 기술》 중에서

독서법 & 정리법

《투에이스의 부동산 절세의 기술》, 김동우(투에이스), 지혜로, 2019.
《부동산 절세 완전정복》, 이승현, 한국경제신문사, 2020.

독서법 | 정독
정리법 | 세율표를 정리하고 예시를 만들어 시뮬레이션 해 보기

세금 정책은 수시로 바뀌기 때문에 세금 관련 책만큼은 신간을 사서 읽기를 추천한다. 세금을 부과하는 기본 원칙을 먼저 공부하고, 규정이 바뀔 때마다 수시로 공부해야 한다. 세금 관련 책을 추천해달라고 하면 가능한 신간을 권하는 이유이기도 하다.

숫자는 질색이라며 세금 책을 눈으로만 읽는다면 완전히 잘못된 방법이다. 세금 공부는 특별한 방법이 없다. 무조건 직접 계산해 봐야 한다. 무작정 세금을 계산해 보라고 하면 흥미가 떨어지는 사람들을 위해 시뮬레이션 방법을 추천한다. 내가 갖고 있는 부동산뿐 아니라 부모님, 형제자매, 친한 친구의 집으로 세금을 계산해 보라고 권한다.

"우리 부모님 집 정도면 이 정도 세금이 나오는구나!"
"우리 오빠네 세금 많이 내고 있었네. 은근 부자군!"

"그 친구 집산다고 하더니 세금도 엄청 나오는 좋은 집이었네! 부럽다."

"언니네 집은 엄청 좋던데 서울이 아니라서 그런가 세금은 생각보다 적네!"

"세금 때문에 전세 살았는데 이 정도 세금이면 나도 낼 수 있을 것 같은데 집을 장만해 볼까?"

지금 당장 부모님, 형제자매, 친구 집 주소를 검색한다. 매매가격과 전세가격을 확인해 취득세를 계산해 보고, 얼마가 오르면 팔까를 생각해서 양도세도 계산해 본다. 일 년 뒤, 10년 뒤 언제 팔면 좋을지 기간을 넣어 계산한다. 보유세를 확인하기 위해 '부동산공시가격알리미' 사이트에 접속해 주소를 입력한다. 보유하는 동안 재산세나 종부세는 얼마 정도 부과될지, 임대소득세는 어느 정도 수준인지 확인한다. 막연히 생각했던 것보다 많을 수도 혹은 적을 수도 있다. 뉴스에서 공포심을 조장하는 기사를 많이 본 사람이라면 아마도 후자일 가능성이 높다. 세금을 많이 내는 친구에게 부러움이 느껴질 수도, 나도 세금 폭탄 한 번 맞아 보고 싶다는 질투심이 생길 수도 있다. 부러움과 질투심을 그냥 넘기지 말고 내가 부동산 공부를 해야 하는 이유로 삼아 보자!

계산 결과는 '부동산세금계산기'를 검색해서 수치를 넣으면 확인할 수 있다. 처음부터 10원 단위까지 맞춰서 계산해야 한다는 강박관념은 버린다. 계산기에서 바로 계산되어 나오는 수치보다 하나씩 넣어 보고 빼면서 세금의 증감을 파악하는 것이 중요하다. 그런 과정에서 효과적인 매수, 매도 전략이 세워진다.

부동산을 살 때
반드시 알아야 할 비용

부동산을 매수하면서 가장 신중하게 생각해야 할 부분 중 하나가 '자금조달계획'이다. 자금의 출처도 중요하지만 부동산을 매수할 때 예상했던 금액 이상의 비용이 발생해 당황하는 경우가 있다. 단순히 매매가 혹은 매매가에서 전세가를 뺀 금액만 준비해서는 안 된다. 특히 고가주택이나 대형주택의 경우 생각보다 많은 비용이 발생한다. 부동산중개수수료도 미리 협의하지 않으면 예상 외의 금액에 놀라게 된다. 부동산 매수 시 미리 알아 둬야 할 비용을 정리했다.

1. 취득세 (무주택자나 1주택자, 일시적 1가구 2주택자에 한정)
대부분의 사람들이 강남 3구에 집을 사는 것을 목표로 한다. 고가 아파트가 많은 강남 3구는 집값도 넘사벽이지만 취득세도 상당히 높다. 취득세율은 주택 가격과 규모에 따라 다른 세율이 적용된다. 강남은 평균주택이 10억이 넘기 때문에 취득세도 미리 준비하지 않으면 곤란한 상황이 발생한다. 예를 들어 강남의 84㎡ 이하인 아파트를 15억에 매수한다고 하면 취득세(세율 3.3%)만 5,000만 원이다. 만약 20억짜리 40평 아파트를 매수한다고 하면 취득세(세율 3.5%)만 7,000만 원을 납부해야 한다. 취득세를 막연히 1.1%로 생각하고 접근했다가는 당황하기 쉽다.

오피스텔은 고가 아파트보다 높은 취득세율이 적용된다. 오피스텔은 가격에 상관없이 4.6% 취득세가 부과된다. 최근에는 아파트만큼 규모가 큰 주거용오피스텔이 인기를 끌고 있다. 아파트처럼 생각하고 매수했다가는 4.6%라는 높은 취득세율에 놀랄 수도 있다.

2. 부동산중개수수료

매매가격이 크게 오르다 보니 중개수수료가 부담되는 것이 사실이다. 중개수수료율을 하향 조정해야 한다는 여론도 있지만 조정되지는 않았다.

현행 중개수수료는 2억 원 이상~6억 원 미만은 0.4%, 6억 원 이상~9억 원 미만은 0.5%, 9억 원 이상은 0.9% 내에서 협의라고 되어 있다. 말이 협의지 대부분 0.9% 상한선을 부과한다. 15억짜리 아파트를 매수하면 중개수수료만 1,350만 원이며 부가세를 포함하면 1,485만 원이다. 20억짜리 아파트를 매수하면 수수료만 2,000만 원 정도를 준비해야 하니 생각보다 적지 않은 금액이다.

3. 채권매입, 등기, 장기수선충당금 등 기타 비용

부동산을 매수하면 등기를 해야 한다. 등기를 하기 위해서는 국민주택채권을 매입해야 한다. 채권매입은 부동산을 매수하는 사람 누구에게나 주어지는 의무이다. 매입한 채권을 보유하는 경우도 있지만 대부분 당일에 할인해서 판매한다. 이때 할인율이 적용되고 본인부담금이 발생한다. 공시가격을 기준으로 매수해야 할 채권 금액이 결정되며 매매가가 높은 아파트일수록 채권매입 금액도 높을 수밖에 없다.

강남의 15억 아파트를 매입한다고 가정할 경우, 공시 가격을 9억 정도라고 하면 채권매입 대상 금액은 2,790만 원이다.(시가표준액의 31/1000) 매일 할인율이 달라지지만 오늘을 기준으로 즉시 매도할 경우 본인부담금은 약 55만 원 정도이다.

등기를 셀프로 하는 경우가 아니라면 법무사수수료도 준비해야 한다. 대략 50-60만 원 정도 수준이다. 아파트마다 관리비 등의 명목으로 미리 예치해야 하는 금액이 있다. 신축 아파트는 기존 아파트들보다 예치금을 높게 책정하는 추세이다. 모아 보면 이 금액도 몇 백만 원 정도가 된다.

15억대 아파트를 매수하는 경우 대략적으로 7,000만 원 정도, 20억대 아파트를 매수한다면 약 1억 정도의 부대비용이 발생한다. 처음 부동산을 매수하는 사람이나 세금에 대해 공부하지 않은 사람은 알 수 없는 부분이다. 부동산에서도 이런 것까지 세세하게 알려 주지 않는다. 우리가 흔히 집을 살 때 영혼을 끌어 모아 자금을 마련한다고 하는데 겨우 매매 비용만 준비했다가는 낭패를 보기 쉽다.

금리
– 환율과 금리,
한 번쯤 제대로 공부해 보자

"자산을 한 바구니에 담지 말라."

나는 부동산 공부를 한다고 해서 부동산 분야의 책만 보는 건 아니다. 처음에는 부동산 분야의 책만 한정해서 읽었지만 책을 읽을수록 경제 전반에 대해 알아야겠다는 생각이 커졌다. 경제의 흐름과 무관하게 부동산만 독야청청 제 길을 갈 수는 없다. 금리, 환율, 유가, 세계경제의 상황이 유기적으로 연결돼 있고 부동산도 그러한 흐름에서 크게 벗어나지 않는다. 처음에는 부동산 책만 읽어도 벅차겠지만 시간이 지날수록 다양한 분야로 시야를 넓힐 필요가 있다.

《앞으로 3년 경제전쟁의 미래》는 환율과 금리가 우리 경제에 미치는 영향을 자세히 설명한 책이다. 이 책을 추천하면 대체로 이런 반응을 보인다.

"고등학교 경제시간에 졸린 눈을 비비며 겨우 들었던 환율과 금리를 다시 공부하게 될 줄은 꿈에도 몰랐습니다."

"시험에 나온다고 해도 공부 안 했던 과목인데 이 나이에 다시 공부하게 될 줄은 몰랐습니다."

하지만 끝까지 완독한 사람들은 소감을 이렇게 말한다.

"이렇게라도 읽을 수 있어서 너무 감사합니다. 뉴스에 나오는 경제 관련 기사가 귀에 쏙쏙 들어옵니다."

"기름값이 떨어져서 좋다고만 생각했는데 마냥 좋아할 일만은 아니라는 것을 알게 됐습니다."

"미국과 중동이 유가전쟁을 한다는 뉴스를 봐도 잘 이해되지 않았는데 이제는 어렴풋이 이해할 수 있게 됐습니다."

"인플레이션과 유동성을 이해하니 코로나19 이후 재난소득으로 풀릴 유동성이 어떤 파급 효과를 줄지 생각해 보게 됐습니다."

금리는 집값에 큰 영향을 주는 경제요소이다. 금리가 낮아지면 집값이 상승한다고 하는데 금리가 높을 때도 집값은 올랐다. 2006-2007년 신용대출금리는 7%대였다. '버블세븐'이라는 말이 생길 정도로 당시 부동산 시장은 활황이었다. 나를 포함한 많은 사람들이 고금리를 감수하며 집을 샀고 집값도 크게 올랐다. 꼭 금리가 낮아야만 집값이 오르는 것은 아니다.

지금은 역사적으로 봐도 초저금리이다. 7%대 이자를 냈던 걸 생각하면 지금 1-2%대 금리는 거의 공짜에 가깝다는 생각이 들 정도이다. 돈을 빌려 집을 사지 않는 것이 바보처럼 보이는 시대이다. 게다가 앞으로도 초저금리는 지속될 것이라고 한다. 어쩌면 돈을 예금하면 보관료를 내야 하는 마이너스 금리 시대가 다가 올지도 모르겠다. 초저금리 시대가 지속되면 마냥 부동산이 호황일 수 있을까란 의문도 든다.

환율을 공부하고 달러 투자와 미국 주식에 관심을 갖게 됐다. 환율은 오르고 내리고를 반복한다. 현재 1달러는 1,200원대에서 소폭의 오르내림을 반복하고 있다. 하지만 IMF를 겪어 본 사람이라면 당시 1달러당 1,997원까지 상승했던 걸 기억할 것이다. 기준을 정해 일정 금액 이하로 떨어지면 달러로 바꾸고, 일정 금액 이상으로 오르면 파는 방법으로 환차손 수익을 기대할 수 있다. 바꾼 달러로 미국 주식에 투자하는 방법도 있다. 전세계 1등 국가는 단연코 미국이다. 어떤 상황에서도 가장 늦게까지 버틸 여력이 있는 나라가 미국인 것도 당연하다. 미국 주식을 직접 사거나, ETF 등의 종목에 투자하는 방법도 있다.

전세계적인 양적완화정책과 코로나19로 인해 풀린 유동성으로 인플레이션이 가속화되고 있다. 인플레이션이 가속화되면 실물 자산은 더욱 각광을 받는다. 부동산 가격이 지속적으로 오르는 것도 같은 이유로 볼 수 있다. 부동산뿐 아니라 대표적인 실물자산인 금도 다시금 관심 받고 있다. 앞으로도 금가격의 강세는 지속될 것이란 전망도 속속 나오고 있다. KRX 한국금거래소에서 직접 금을 사거나 금 ETF를 매입하는 방법으로 금 투자도 가능하다.

투자처가 부동산만 있는 것은 아니다. 주식도 한국 주식만 투자해야 하는 것도 아니다. '계란을 한 바구니에 담지 말라'는 말은 알지만 바구니 종류가 어떤 것이 있는지 아는 게 더 중요하다. 다양한 분야에서 가능성을 발견하기 위해서는 스스로 견문을 넓히는 노력이 필요하다. 그 시작은 역시 '책'으로 가능하다.

 레비앙의 한 줄 Pick

미래는 아무도 모릅니다. 위기가 터질 때마다 시장에선 마치 종말론을 맞이한 것처럼 비관적인 분위기가 형성되곤 했고요. 그렇지만 실제 그런 비관이 현실화되지는 않았습니다. 글로벌 금융 시장이 사라지거나 하지는 않았던 거죠. 전 세계 국가들은 전쟁과 공조를 반복하면서 보다 발전적인 방향으로 세계 경제를 이끌어왔고 앞으로도 그렇게 할 것이라고 생각합니다.

《앞으로 3년 경제전쟁의 미래》 중에서

독서법 & 정리법

《앞으로 3년 경제전쟁의 미래》, 오건영, 지식노마드, 2019.

독서법 | 정독
정리법 | 새로 알게 된 내용 정리하기

환율과 금리를 제대로 공부해 보겠다는 목표를 세우고 책을 펼치길 바란다. 처음에는 용어를 이해하는 데 집중해서 읽는다. 부록에서 용어를 자세히 설명하고 있으니 본문보다 먼저 읽는 게 도움이 된다. 용어를 이해하고 나면 금리나 환율이 경제 현상에 어떤 작용을 하는지 초점을 맞춰 다시 한 번 읽는다. 책을 완독하고 나면 경제뉴스가 훨씬 쉽게 이해되는 신기한 경험을 할 수 있다.

책을 통해 다양한 투자 종목을 알게 됐다면, 이해한 것에서 그치지 말고 직접 투자해 보기를 권한다. 큰 돈을 투자하라는 게 아니다. 100달러, 구글 주식 1주, 금 1그램이라도 직접 사 보면 해당 분야를 보는 시각이 크게 달라짐을 느낄 수 있다. 한 우물만 파는 게 효과적일 때도 있지만, 그 우물이 영영 나오지 않을 것을 대비하는 것도 나쁘지 않다.

연금
– 부동산을 공부하니 이런 것도 알게 되더라

13월의 월급 '연말정산'

세금은 국민의 의무라지만 한 푼이라도 덜 내고 싶은 마음이 드는 건 당연하다. 연말정산에서 기납부세액보다 환급액이 적어지면서 세금을 줄일 수 있는 방법에 대해 관심을 갖기 시작했다. 이미 할 수 있는 인적공제나 신용카드공제는 다 채운 상태라 추가로 세금을 공제할 수 있는 선택지가 그리 많지 않다. 그때 눈에 띈 것이 개인연금공제였다. 개인연금에 가입하면 연 400만 원 한도에서 세금공제가 된다. 세액으로 치면 약 50만 원 내외로 제법 큰 금액이다. 어떤 상품이 좋을까 찾아볼 생각은 안 하고 먼저 가입한 친구의 말만 듣고 연금을 가입하러 갔다. 가입서류에 서명을 하려고 보니 연금저축'보험'이었다. 뒤에 붙은 '보험'이라는 단어가 다소 찜찜하기는 했지만 '좀 더 알아볼까?'라고 생각하기는 커녕 '친구가 하니까 나도 얼른 해야지'라는 성급한 마음으로 냉큼 가입서류에 사인을 하고 나왔다.

문제는 바로 그 찜찜함에 있었다. 보험은 사업비라는 명목으로 수수료가 매월 빠져나간다. 연금에서 수익이 나든 손실이 나든 사업비는 무조건 빠져나간다. 납입금을 주식이나 채권에 투자해서 얻은 수익만큼 이율이 올라간다고는 하지만 예상되는 수익률은 낮은 편이다. 낮은 수익률과 사업비로 인해 연금을 10년 정도 납입하고 해지금을 조회하면 겨우 원금 정도 된다. 그 전에 해지하면 대부분 원금을 다 돌려받지 못한다. 최소보장이율이라는 것이 있긴 했으나 내가 가입한 것을 찾아보니 5년 이내 2%, 5년 이후 1%에 불과했다. 최소보장이율이 1%인 상황에서 사업비까지 빠져나가다 보니 가입기간이 적을수록 원금 보장은 거의 불가능했다.

우연히 《마법의 연금 굴리기》라는 책을 읽게 됐다. 연금저축 가입 당시 찜찜했던 부분을 해소할 수 있지 않을까라는 생각에 읽기 시작했고, 예상했던 대로 내가 궁금했던 질문에 대한 답이 모두 들어 있었다.

연금저축'보험'이 아니라 연금저축'펀드'가 있다는 것을 알게 됐다. 기존에 가입한 연금저축보험을 해지하고 펀드로 가입하고 싶은데 해지할 때 공제받은 세금까지 토해 내야 하는 건 아닐까 궁금했다. 다행히도 '계좌이전제도'라는 것을 통해 세금을 토해 내지 않고 바꿀 수 있는 방법이 있다는 것도 책에 상세히 소개돼 있었다. 당장 연금펀드로 계좌 이전을 하겠다고 마음먹었다. 연금펀드의 장점을 요약하면 아래와 같다.

하나, 연말정산 소득공제효과가 연금저축보험과 같음
둘, 사업비가 없음
셋, 자유로이 납입 가능 (연금저축보험처럼 월납입이 아니고 일 년에 1회 일시납 가능)
넷, 스스로 공부해서 수익을 올릴 수 있음(물론 손실 가능성도 있음에 유의)

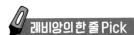 레비앙의 한 줄 Pick

모인 돈이 얼마 없어도 투자와 자산관리를 해야 한다. 소액으로라도 투자를 시작해야 투자근육이 단단해지고 투자 심리가 튼튼해지며 금융이해력이 쌓인다.

《마법의 연금 굴리기》 중에서

독서법 & 정리법

《마법의 연금 굴리기》, 김성일, 에이지21, 2019.

독서법 │ 정독
정리법 │ 자신에게 잘 맞는 연금 운용법을 찾는 데 집중하고 실행한다.

연금저축에 가입된 사람이라면 자신이 가입한 연금저축상품의 종류를 먼저 확인하고 책을 읽는 게 좋다. 아직 연금에 가입되어 있지 않지만 가입을 고려하고 있다면 가입 가능한 상품이 어떤 것이 있는지 정리하며 읽는다. 직업, 나이, 소득 등에 따라 가입할 수 있는 상품의 종류가 다양하기 때문에 책을 읽으면서 각자에게 해당되는 상품을 찾는 것이 핵심이다.

나는 이미 연금저축보험에 대해 불안감을 느꼈던 지라 이 책을 읽자마자 바로 계좌이전을 해야겠다는 의지가 생겼다. 콜센터에 전화 몇 통화로 금방 계좌이전이 됐다. 펀드로 이전하고 나면 그때부터 수익을 내는 것은 각자의 몫이다. 매년 400만 원을 납입하고 아무것도 안 하고 계좌만 유지해도 된다. 당연히 내야 할 사업비도 없다. 수익률을 올리고 싶다면 직접 종목을 선택해 포트폴리오를 구성하면 된다. "계란은 한 바구니에 담지 말라"는 투자 격언을 떠올리며 4-5개 종목을 골라 분산해서 펀드를 매수했다. 가끔 리밸런싱(운용하는 자산의 편입 비중을 재조정하는 행위)도 하면 좋다. 물론 펀드를 매수했다가 오히려 손실이 발생할 가능성도 있기에 공부도 더 해야 하고 관심도 가져야 한다. 관심이 생기면 경제공부를 하고 싶은 의욕도 더 생기게 되고, 내 자산을 직접 운용한다는 성취감도 느낄 수 있다. 책을 읽는 동안에는 당장 실행해야겠다는 의지가 충만하지만 시간이 지나면 의욕은 금세 사그라들기 마련이다. 한참 지난 후에 그때 했어야 했는데 후회하지 않도록 실행력을 충전하고 책을 읽기를 바란다.

세상에는 배워야 할 것, 관심을 가져야 할 것이 참 많다. 배우는 과정에서 즐거움을 찾는 사람이 더 크게 성장할 수 있다. 내가 부동산 책을 읽지 않았다면, 환율과 금리를 공부하지 않았다면, 연금펀드를 모르고 살았다면 가만히 있어도 무언가를 잃고 살았을 것이다. 이 많은 것을 알게 해 준 건 바로 내가 읽은 '책'들이었다.

7장

책을 통해
부동산 투자에 성공한
사람들 이야기

공부도 같이 하면
오래 할 수 있다

_무론도원

남편 직장 어린이집에 아이를 입학시키기 위해 신혼집이었던 잠실을 떠나 2기 신도시인 한 동네로 이사하고 전세로 거주하고 있었다. 전세 계약 연장이 6개월 정도 남았던 2016년 여름, 친한 부동산 사장님에게 연락이 왔다. 사람들이 집을 보지도 않고 두 채씩 계약을 하고, 다음 날 지인을 데려와 또 집을 산다는 이야기였다. 분위기가 이상하다며 새댁도 얼른 집을 사라고 하는 게 아닌가. 난 의심이 많은 성격이라 날마다 네이버 부동산을 검색했다. 부동산 사장님의 말처럼 일주일 간격으로 호가가 올라가고, 거래 완료가 뜨는 것이 보였다. 마음이 급해져 남편을 설득해 첫 집을 장만했다. 예전에 살던 동네나 더 좋은 집을 찾아볼 생각을 그때는 하지 못했다. 한겨울 잠시 주춤하더니 봄날이 오자 또 슬금슬금 집값이 올랐고, 손에 들어오지도 않은 사이버머니에 그저 행복하기만 했다. 행복감에 젖어 건너 마을로 이사 갈 계획을 세우며 남편을 설득해 집을 하나 더 샀다. 집이 두 채가 되니 덜컥 겁이 나기 시작했다. 이 사람 말을 들으면 집값이 오를 것 같고 저 사람 말을 들으면 폭락할 것 같은 생각이 들었기 때문이다. 두려운 마음에 책이라도 읽어 보자는 마음으로 부동산 공부를 하기 시작했다.

우연히 알게 된 '레비앙의 블로그'에서 추천도서를 중심으로 공부하듯이 책을 읽기 시작했다. 레비앙님이 추천하는 대로 정리도 해 보고, 궁금한 부분은 바로 찾아봤다. 책을 읽는 속도가 빨라지고 신문을 봐도 조금 알 것 같은 느낌이 들기 시작했다. 그 무렵 레비앙님과 함께하는 독서 모임이 있다는 것을 알고 지원했다. 독서 모임 '문우공감'은 한 달에 한 번 추천도서를 정해서 읽고, '정해진 기한 내'에 독서후기를 제출해 공유하는 방식으로 운영된다. 어른이 되었지만 스스로 자율적으로 공부하는 습관이 부족한 나에게 꼭 필요한 '강제성'이 있는 모임이었다. 문우공감에 참여하면서 혼자 책을 읽을 때는 경험해 보지 못한 다양한 각도에서 책의 내용을 바라보게 됐고, 이해하는 데도 더욱 수월해졌다. 또한 혼자서는 절대로 도전하지 않을 것 같은 다양한 책들을 읽게 됐다. 특히 과거의 역사를 다루는 책을 싫어했던 내가《아파트값 5차파동》,《대한민국 부동산 40년》과 같은 책을 읽은 건 놀랄 만한 일이다. 생각만 해도 복잡하고 싫은 부동산 세금 분야에 관한 책도 읽었다. 최근에는 주식에 관한 책을 읽으며 새로운 주식 용어뿐 아니라 경제 전반에 대해서 조금씩 눈을 떠 가고 있다.

같은 책을 읽지만 각자가 느끼는 점은 다르기에 중요하게 생각하는 부분도, 해석하는 방법도 다양하다. 다른 회원들의 독서 후기를 읽고 만나서 토론을 하다 보면 새롭게 책을 읽는 느낌을 받는다. 혼자 읽을 때는 잘 이해가 안 되던 부분을 해석해 주는 문우님을 만나면 속이 다 후련해진다.

문우공감을 생각하면 떠오르는 말이 있다.

"혼자 가면 빨리 갈 수 있고, 함께 가면 멀리 갈 수 있다."

바쁜 일상생활 속에서 과제 제출 기한에 쫓기는 쫄깃한 순간도 있지만 함께 고민하고, 생각을 나누는 문우공감이 있기에 꾸준히 그리고 재미있게 공부할 수 있었다. 지금 부동산 공부를 시작하는 분들도 함께 공부할 동료를 만들어 보길 추천한다. 혼자 가는 것보다 훨씬 더 넓고 깊게 세상을 바라보며 함께 멀리 가는 경험을 할 수 있을 것이다.

다양한 전문가를 만날 수 있는 가성비 최고의 기회

_쉐어럭

2019년 5월에 시작한 문우공감이 벌써 일 년이 지났다. 지난 일 년을 돌아보니 내 인생의 터닝포인트이자 성장하는 매우 특별한 시간이었다.

일 년 전 나는 직장 생활 12년차를 넘어서는 시기였다. 직장 생활을 돌아보며 직장, 투자, 내 삶에 대해서 진지하게 고민하게 됐다. 과연 직장 생활에서 나는 성장하고 있는가, 10년 후의 모습은 어떨까, 한 번뿐인 인생을 제대로 살고 있는가 등등 많은 질문에 대해 확신할 수 없었다. 책 몇 권 읽고 투자도 해 봤지만 섣부른 판단 때문인지 결과가 좋지 못해 좌절을 경험해 봤다. 그래도 희망의 끈을 놓지 않고 책 속에 길이 있다며 꾸준히 읽어 보려 노력했다. 그러나 책을 덮으면 내용이 머릿속에서 쉽게 잊혀지고 체계가 잡히지 않는 느낌이었다. 그러던 중 책으로 부동산 공부를 시작한 레비앙님의 '문우공감' 모임 공지글을 보고 간절한 마음을 담아 신청했고, 결국 시작하게 됐다.

매일 나는 어제보다 나은 나로 성장한다

문우공감의 프로그램은 기본적으로 다음과 같이 진행된다. 레비앙님이 매월 초 한두 권을 선정하면, 각자 읽고 리뷰를 작성한다. 매월 말이 되면 관련 주제에 대해 스터디를 진행하거나 작가들을 초청해 만남의 시간을 갖는다. 매월 선정되는 책의 분야는 부동산, 경제, 자기계발 등으로 다양하다. 책의 난이도는 중급 이상으로 쉽지 않다. 하지만 레비앙님이 각 분야에 맞는 책 읽는 방법, 정리법을 가이드 해 주기에, 그것을 바탕으로 책에 밑줄도 치고 행간의 의미를 곰곰이 생각하며 읽는다. 책을 읽은 후에는 블로그에 내용을 요약, 정리하고 나만의 생각도 남겨 본다.

매달 주어지는 과제를 하면서 부동산에 대한 이해가 높아지는 느낌을 받았다. 부동산 애널리스트의 책을 읽으면서 부동산 시장에 대한 이해를 높이고 비판적으로 책 읽기를 배웠다. 부동산 역사에 대한 책을 읽으면서 역사는 반복됨을 알고, 현재의 시장을 과거에 비추었을 때 어떻게 대응해야 하는지를 알게 됐다. 또한 세금 분야의 책을 읽으며 세금의 종류에 대해 이해하고 실제 계산을 해 보면서 투자에도 적용했다. 재개발, 재건축, 교통망에 관한 책을 읽으며 진행 절차를 이해하고, 이를 지역분석에 적용해 보고, 임장을 통해 현장의 분위기를 확인했다. 또한 경제 분야의 책을 통해 거시 경제가 부동산에 미치는 영향에 대해서도 이해할 수 있게 됐다. 이제는 강의장에서 일방적으로 배우는 지식이나 카톡방과 인터넷에 떠도는 정보에 흔들리지 않고 나만의 인사이트를 키우는 진짜 실력을 갖게 됐다. 부동산 실력뿐만 아니라 자기계발 분야 책을 읽으며 다른 사람이 원하는 삶이 아닌 내 삶을 주도하며 가슴 뛰는 삶으로 방향을 전환한 것 같다.

변화의 열매

2019년 12월에는 한 해 결산, 2020년 1월에는 연간 계획 과제가 있었다. 이 시간과 문우공감을 통해 삶에 긍정적인 변화들이 많이 일어났음을 보고 깜짝 놀랐다. 먼저 새벽 시간을 활용해 나의 성장에 가장 중요하다고 생각하는 일을 하기로 마음먹었다. 새벽 4시~5시 사이에 일어나 출근 전 시간을 활용해 운동과 독서를 했다. 운동을 통해서 생활의 활력을 찾고 균형 있는 몸 상태를 유지할 수 있었다. 독서는 매주 한 권을 읽고, 독서노트를 블로그에 포스팅했다. 독서를 통해 시대 변화의 흐름을 파악하고, 부동산을 공부하고, 자기 계발 분야의 책을 읽으며 마음을 다잡았다. 아빠가 책 읽는 모습을 보여 주니 아이들도 책과 친해지고 일주일에 한 번씩 도서관을 가는 것을 즐거워하는 것은 덤으로 얻은 소중한 열매이다.

부동산 흐름을 공부하면서 각종 통계 자료들을 엑셀로 가공해 KB주간동향을 블로그에 매주 포스팅했다. 과거에는 떠도는 정보와 부동산 소장님의 현란한 말솜씨에 혹하는 부린이었다면 이제는 나만의 기준으로 시장의 흐름을 파악하고 투자를 실행하게 됐다. 또한 과거에는 회사 생활이 타성에 젖어 무기력했다면 이제는 부동산 공부를 하며 터득한 데이터 수집, 가공, 시각화 능력을 회사 생활에도 접목해 성과를 내고, 나아가 빅데이터 및 인공지능 분야에 대해서 관심을 갖고 준비하고 있다.

꾸준함과 함께함의 힘

긍정적인 변화를 얻을 수 있었던 키워드를 꼽으라면 '꾸준함'과 '함께함'이다.

《타이탄의 도구들》의 저자인 팀 페리스는 "당신의 삶을 극적으로 변화시키고자 100m 달리기를 할 필요도 없고, 박사학위를 딸 필요도 없으며, 자기 자신을 완전히 리셋하고 재발견하고자 몸부림칠 필요가 없다"고 이야기한다. 그러면서 단지 "누군가 강력히 효과를 본 것을 자신에게 적용해서 자신의 루틴을 만들고 성과가 나올 때까지 꾸준히 노력하기만 하라"고 말한다.

레비앙님은 꾸준함의 대명사 같은 사람이다. 매일 새벽 5시면 어김없이 '하루 늦은 뉴스' 포스팅이 올라온다. 또한 전문가가 된 지금도 꾸준히 책을 읽고, 공부한 것을 계속해서 포스팅하는 모습에 놀랐다. 레비앙님을 본보기 삼아 나만의 루틴으로 꾸준히 해 보려고 노력하고 있다. 낙숫물이 바위를 뚫듯이 '꾸준함'이 '탁월함'으로 변화된다는 것을 문우공감 활동을 통해서 몸소 체험하게 됐다. '빨리 가려면 혼자 가고 멀리 가려면 함께 가라'는 아프리카 속담이 있다. 문우공감의 과제들을 혼자 했다면 중간에 포기했을 가능성이 높다.

나에게는 꾸준히 독서할 수 있도록 도와주는 특별한 책갈피가 있다. 바로 레비앙님께 선물 받은 책갈피이다. 이 책갈피의 문구와 같이 책 속에 담긴 생각들이 나의 마음을 두드리고, 성장의 길로 가도록 도와주고 있다. 여러분들도 이 책을 통해 인생에서 긍정적인 변화의 터닝 포인트를 맞기를 기대한다.

책 속에 담긴 생각들이 당신의 마음을 두드릴 것이다
-현명한 투자자의 인문학 by 로버트 해그스크롬-

레비앙에게 가기 좋은 날 = 부자되기 시작한 날

독서, 변화하는 세상을
읽을 수 있는 가장 큰 자산

_주경야독

어릴 때부터 소설을 좋아했던 나는 신간이 나오면 꼭 찾아서 읽던 애독자였다. 소설을 통해서 보는 다양한 세계가 좋았고, 나만의 상상의 나래를 펼치며 주인공이 되어 보는 간접 경험은 마치 나를 다른 세계에 데려다 주는 기분이 들었기 때문이다. 책은 늘 나에게 세상 너머에 있는 내가 모르는 세계를 알게 해 주고, 미지의 세계에 대한 용기를 심어 주는 존재였다.

어느 덧 나이가 들어 결혼을 하고 아이를 키우며 처음으로 접했던 육아의 세계는 꿈꾸던 삶과는 달리 냉혹했다. 아이의 다양한 행동들에 대한 이유를 알 수 없었고, 내가 아이를 제대로 키우고 있는 건지 불안감에 늘 휩싸였다. 그래서 닥치는 대로 육아서를 읽었다. 처음에는 무엇부터 읽어야 할지 몰라 베스트셀러에 오른 항목들을 검색해서 책을 정리하며 읽었다. 가장 감명 깊었던 책 5권은 바이블처럼 남겨 놓고, 궁금할 때마다 한 번씩 꺼내 읽는다. 육아서적 독서를 통해 아이를 이해하는 데 도움을 받았고, 나만의 육아 원칙을 세울 수 있었다.

경제 분야는 문학을 좋아하던 나에게는 늘 관심 밖의 영역이었다. 전공과도 거리가 멀어 늘 어렵다고 느꼈던 분야이다. 하지만 부동산에는 관심이 있어서 간간히 책을 읽었다. 그러던 중 2017년 어쩌다 부동산 투자를 하게 되면서 경제 및 부동산을 공부해야겠다는 생각이 들었고, 뜻이 맞는 사람들과 함께 부동산 및 경제 서적을 읽기 시작했다. 격주로 자신이 읽은 책을 정리해서 올려야 했는데, 다른 사람이 내가 정리한 내용을 읽기 때문에, 누가 봐도 이해할 수 있도록 정리해야 했다. 이를 위해서는 더욱 정확한 책에 대한 이해가 필요했고 그래서 책을 구조화해 정리하기 시작했다. 우선 목차를 읽고 전체 내용을 확인했다. 목차를 기본으로 해서 각 섹션별로 중요하거나 기억하고 싶은 내용을 적었다. 또한 책을 정리만 하는 건 온전한 내 것이 될 수 없다는 생각이 들어, 작가의 관점에 대해 비판하며 읽게 됐다. 사실 이 부분이 가장 어려웠는데, 한 줄이라도 작가의 관점에 의문을 품기 위해 노력했다. 이렇게 읽기 시작한 부동산 관련 책들이 100권이 넘어 가면서 책의 목차만 보아도 내용을 어느 정도 유추할 수 있을 정도가 됐고, 책을 읽는 속도는 물론 이해하는 속도도 빨라졌다.

지금도 나는 레비앙님과 함께하는 문우공감에서 한 달에 한 권씩 책을 읽는다. 혼자 했으면 지루했을지도 모를 책 읽기를 문우들과 함께하기에 늘 즐겁고 행복하다. 책 읽기로 단련된 경제 공부는 점점 도전 정신을 불러일으킨다. 좀 더 전문적이고 원론적인 책이 읽고 싶어진다. 책을 통한 공부가 주는 가장 큰 성과이다. 누구의 강요에 의해서가 아닌 내가 공부하고 싶은 분야를 책을 통해 공부하는 것. 평생 학습이 필요한 현대사회에서 효율적으로 학습할 수 있는 가장 좋은 방법이라고 생각한다. 책 읽기는 단순히 지식 습득의 차원을 넘어서 변화하는 세상을 읽을 수 있는 가장 큰 자산이다.

지금! 바로! 내가!

"무주택으로 살지 말고 내 집 마련은 꼭 하자"

무주택을 고수하는 사람들은 부동산 하락론을 지지하거나 리스크를 감수하기 싫어한다는 공통점이 있습니다. 집값이 오르면 정부의 정책을 탓합니다. 집값이 내리면 "내 말이 맞다"며 자신의 선택을 치켜세웁니다. 하지만 오랜 기간 부동산 가격 변화를 확인해 보면 우상향해 왔습니다. 그 이유는 당연합니다. 매년 물가가 오르고, 월급이 올랐기 때문입니다. 물가가 올랐다는 건 집을 짓는 데 필요한 자재값이 올랐다는 뜻이고, 월급이 올랐다는 건 집을 짓는 사람들의 인건비가 올랐다는 뜻입니다. 정부의 규제가 심해지거나, 아파트를 많이 지어 공급이 늘면 일시적으로 하락했던 것뿐 집값은 우상향해 왔습니다.

전세나 월세 등 임대주택에 사는 것을 고수하는 사람들은 절대 원금 손실의 위험을 감수하지 않겠다는 생각을 갖고 있습니다. 위험은 피할 수 있다면 피하는 것이 좋습니다. 하지만 위험을 감수해야만 가질 수 있는 이익이 있다면 그것이 감수할 만한 위험인지 판단하는 능력이 필요합니다.

무주택인 사람들에게 집을 사라고 권하면 꼭 묻는 말이 있습니다. "집을 샀는데 떨어지면 어떡해요?" 대출을 최대로 받아서 무리하게 집을 샀는데 집값이 떨어진다면 큰 걱정은 맞습니다. 하지만 감당 가능한 한도에서 대출을 받아 집을 샀다면 집값이 당장 떨어진다고 해서 크게 문제 될 건 없습니다. 집을 팔지 않으면 내가 소유한 실물자산은 없어지지 않기 때문입니다. 부동산 하락기에는 집을 팔지 않고 보유하면 됩니다. 내 집만 떨어지는 것이 아니라 다른 집도 똑같이 떨어지기 때문에 상대적인 가치는 그대로입니다. 어떤 것은 덜 떨어지고 어떤 것은 많이 떨어진다는 차이는 있습니다. 하락기에도 가격을 방어하는 집을 고른다면 상대적으로 내 집의 가치는 상승할 수도 있습니다. 하락기가 오더라도 거주하는 집에서 버티며 다시 올 상승기를 기다리면 됩니다. 꼭 팔아야 하는 상황이라면 아마 큰 집으로 갈아타거나 다른 지역으로 이사하는 경우일 것입니다. 그런 경우에도 크게 문제 되지 않습니다. 왜냐하면 내 집의 가격이 떨어진 만큼 새로 매수하려는 집도 떨어졌을 확률이 높기 때문입니다. 내 집을 팔고 다른 집을 가는데 큰돈이 들어가지 않는 상황이라면 하락기라고 해서 집을 팔지 못할 이유가 없기 때문입니다.

중요한 것은 부동산 가격 상승기입니다. 부동산 상승기에는 부동산이 있는 사람과 없는 사람의 자산 변동폭은 상상을 초월합니다. 임대로 거주하는 사람은 2년이 지나도 10년이 지나도 내가 갖고 있는 돈은 변함이 없습니다. 원금 손실은 없겠지만 상승분도 없습니다. 물가가 상승하고 화폐 가치가 떨어지면 오히려 자산 가치는 줄어듭니다. 하지만 부동산 자산이 있는 사람이라면 내 자산이 2배 이상 급격하게 늘어날 수 있는 가능성이 있습니다. 다른 집도 같이 오르는 상황이겠지만 큰 평형으로 갈아탄다거나 아직 상승하지 않은 지역으로 옮기기에는 훨씬 유리합니다. 이게 바로 무주택자에게 집 한 채는 꼭 사라고 권하는 이유입니다.

집을 사야하는 건 알겠는데 지켜보다가 '바닥'일 때 집을 사겠다고 미루는 사람들이 있습니다. 하락기에 언제가 바닥인지 누가 알 수 있을까요? 어제 1억 하던 집이 오늘 9,000만 원이라면 계약할 수 있을까요? 내일 8,000만 원이 될까 봐 계약하지 못합니다. 오늘 9,000만 원이던 집이 내일 1억이 됐다면 과연 바닥을 찍었다고 1억에 살 수 있을까요? 어제 못 산 9,000만 원이 떠올라 절대 1억을 주고 계약하지 못합니다. 이게 바로 사람의 심리입니다. 매일 부동산을 들여다봐도 바닥이 언제인지 가늠할 수 있는 사람은 없습니다. 바닥일 때 집을 사겠다는 결심은 집을 안 사겠다는 것과 다를 바 없습니다. 내가 거주할 지역에 수입에 비해 무리가 가지 않는 선에서 내 집을 마련할 수 있다면 주저하지 말고 결정하라고 말합니다. 오늘 조금 내려도 길게 보면 우상향이며, 바닥을 찍고 반등하는 시기를 누구도 미리 알 수 없으며, 하루가 다르게 상승하는 상승기에는 더더욱 집을 살 수 없기 때문입니다.

"부동산 공부는 인생에서 한 번쯤 열심히 해 볼 만한 가치가 있다"

누구나 인생을 살면서 최소 몇 번은 집을 사고팔아야 하는 상황이 옵니다. 아이가 학교에 가서, 배우자가 직장을 옮겨서, 아이가 커 가니 큰 집이 필요해서, 부모님과 함께 살아야 해서 등등 여러 가지 경우의 수가 있습니다. 그때마다 단순히 살던 곳에서 가까운 집, 부동산에서 추천하는 집에 내 자산을 맡기는 건 너무 안타까운 일입니다. 기왕이면 같은 가격으로 더 쾌적한 집, 기왕이면 하락기에 덜 떨어져서 마음고생하지 않을 집, 기왕이면 자산 가치가 크게 늘어날 집을 사는 것이 맞습니다. 조금만 관심을 갖고 공부하면 그렇게 어렵지 않습니다. 부동산 공부는 특별한 사람만, 욕심 많은 투자자들만 하는 공부가 아닙니다. 내 가족의 소중한 보금자리를 스스로 결정하고, 힘들게 모은 자산을 스스로 불릴 수 있어야 합니다. 부동산은 누구나 한 번 쯤 열심히 공부해 볼 만한 가치가 있습니다. 레비앙이 시작했던 것처럼 지금 당장 서점으로 달려가세요. 몇 년 후 달라져 있을 여러분의 미래를 상상하면서 제가 추천하는 70권의 책부터 지금 당장 읽기 시작하는 겁니다.

"지금! 바로! 내가!"

부동산중개사사무소에 부부가 함께 들어오면 "오늘은 계약 못하겠네."라고 생각한다는 중개사의 말을 들은 적이 있습니다. 남편들은 결정적인 순간에 이성의 힘을 폭발적으로 발휘한다고 합니다. 그들은 계약하면 안 될 이유와 수많은 리스크를 언급하며 계약 성사를 막는다고 합니다. 우스갯소리처럼 들리지만 실제 그런 이유로 계약하지 못했다는 경험담을 많이 듣습니다.

　부부 모두가 부동산 공부에 적극적이면 다른 사람들보다 성장하는 속도가 빠릅니다. 둘 다 브레이크 없이 나가는 것보다는 누군가 한 명은 브레이크를 걸어 주는 것도 나쁘지 않습니다. 하지만 브레이크가 아니라 발목을 잡는 사람들의 이야기를 들을 때면 무척 안타깝습니다. 부동산 책을 읽는 것도 싫어하고, 모임에 나가려고 하면 남편 눈치가 보인다고 하소연하는 사람들이 많습니다. 그런 얘기를 들으면 응원까지는 아니어도 아이를 봐 줄 테니 공부하고 오라고 허락(?)해 주는 남편들을 보면 훌륭하다는 생각마저 듭니다. 내 남편이 혹은 내 아내가 부동산 공부를 하는 것이 혼자 잘 먹고 잘 살기 위해서일까요? 쉬고 싶은 주말, 일어나기 힘든 새벽, TV 보며 널부러져 있고 싶은 저녁 시간을 쪼개서 부동산 공부를 한다는데 왜 응원해 주지 못하는 걸까요? 물론 가족과 보내는 시간이 적어지니 아쉬울 수 있습니다. 육아를 분담하지 않고 밖으로 나돈다고 투정을 부릴 수도 있습니다. 하지만 생각을 약간만 바꿔 보면 어떨까요? 배우자가 친구들과 어울리고, 늦게까지 술을 마시고, 소비적인 취미 생활을 하는 것보다 부동산 공부를 하고 투자처를 찾아다니는 것이 훨씬 건전하고 추천할 만한 일이 아닐지요.

저는 부동산 하락론을 지지하는 남편과 살다 보니 부부가 함께 부동산 공부를 하는 사람들을 보면 매우 부럽습니다. 남편을 설득하려고도 해 봤지만 생각을 바꾸는 것이 쉽지 않았습니다. 그렇다고 해서 부동산 공부를 포기하지 않았습니다. 다만 혼자 공부하고 투자하는 것을 선택했습니다. 중요한 결정을 해야 할 때, 의논할 사람이 없어 힘들기도 했습니다. 레버리지도 반밖에 쓰지 못하니 늘 부족하단 생각이 들었습니다. 그럼에도 불구하고 안 하는 것보다 훨씬 낫다고 생각했고 혼자 했지만 할 수 있었습니다.

제가 이런 개인적인 이야기를 하는 이유는 배우자가 반대한다고 해서 포기하지 말라는 말씀을 드리고 싶어서입니다. 투자를 못하고 후회하는 사람들에게서 이런 말을 많이 듣습니다. "그때 남편(아내)이 반대해서 못했죠. 제가 우겨서라도 샀어야 하는데 아까워 죽겠어요."라고 말입니다. "배우자가 반대해요"라는 말로 포기했다는 건 자신도 확신이 없었다는 핑계에 불과합니다. 배우자를 원망할 것이 아니라 스스로 확신이 없었음을 원망해야 합니다. 반대하는 배우자를 설득할 수 있을 만큼 더 공부했어야 합니다. 지금이라도 부동산 공부를 시작해야 하는 이유이기도 합니다.

　새로운 공부를 시작했다고 하면 대부분의 사람들은 응원을 합니다. 그런데 유독 부동산을 공부한다고 하면 부정적인 시각으로 보는 사람들이 많습니다. 특히 부모님, 형제자매가 그렇고 가까운 친구들이 그렇습니다. 중요한 건 시작도 하기 전에 염려와 걱정에 설득당해서 포기하면 안 된다는 것입니다. 오히려 나를 응원하고 지지해 주도록 설득할 수 있어야 합니다. 말로는 잘 설득되지 않습니다. 시간이 걸려도 꾸준히 노력하는 모습과 성과를 보여 주는 것이 가장 좋은 설득 방법입니다. 지금! 바로! 내가! 하면 됩니다. 지금 바로 책을 펼쳐 보세요. 확신을 쌓기 위해 공부를 시작하세요. 시간이 지나 '오늘'을 떠올리며 그 책을 읽고 '지금! 바로! 내가!' 시작하기를 참 잘했다고 스스로를 칭찬하는 날이 오기를 바랍니다.

supplement

부록

부동산 책 70권만 읽어 보자!

★ 본문에 수록된 추천 도서 28권

	도서명	저자	출판사명	출간년도
1	《보도 섀퍼의 돈》	보도 섀퍼	북플러스	2011
2	《부의 본능》	브라운스톤	토트출판사	2018
3	《일생에 한번은 고수를 만나라》	한근태	미래의 창	2013
4	《아주 작은 습관의 힘》	제임스클리어	비즈니스북스	2019
5	《부자들의 개인 도서관》	이상건	알에이치코리아	2017
6	《아파트값 5차파동》	최명철	다다원	2001
7	《대한민국 부동산40년》	국정브리핑특별기획팀	한스미디어	2007
8	《부동산 투자 이렇게 쉬웠어?》	신현강(부룡)	지혜로	2017
9	《부동산 투자의 정석》	김원철	알키	2016
10	《부자의 지도 다시 쓰는 택리지》	김학렬(빠숑)	베리북	2016
11	《부동산 투자, 흐름이 정답이다》	김수현	한국경제신문i	2018
12	《오윤섭의 부동산 가치투자》	오윤섭	원앤원북스	2018
13	《대한민국 아파트 부의 지도》	이상우	한빛비즈	2018
14	《다시 부동산을 생각한다》	채상욱	라이프런	2019
15	《부동산 경매 처음공부》	설춘환	이레미디어	2019
16	《알짜상가에 투자하라》	배용환(서울휘)	국일증권경제연구소	2018
17	《나는 집 대신 상가에 투자한다》	김종율(옥탑방보보스)	베리북	2016
18	《심정섭의 대한민국 학군지도》	심정섭	진서원	2019

19	《나는 부동산으로 아이 학비 번다》	이주현(월천대사)	알키	2017
20	《35세 인서울 청약의 법칙》	박지민(월용이)	매일경제신문사	2018
21	《대한민국 청약지도》	정지영(아임해피)	다산북스	2019
22	《교통망도 모르면서 부동산 투자를 한다고?》	황성환(IGO빠시다)	잇콘	2018
23	《돈되는 재건축 재개발》	이정열(열정이넘쳐)	잇콘	2017
24	《앞으로 3년, 재건축에 돈을 묻어라》	김선철	원앤원북스	2015
25	《투에이스의 부동산 절세의 기술》	김동우(투에이스)	지혜로	2019
26	《부동산 절세 완전정복》	이승현	한국경제신문사	2020
27	《앞으로 3년 경제전쟁의 미래》	오건영	지식노마드	2019
28	《마법의 연금 굴리기》	김성일	에이지21	2019

★ 레비앙 추천 도서 42권

	도서명	저자	출판사명	출간년도
29	《노후를 위해 집을 이용하라》	백원기	알키	2016
30	《나는 부동산과 맞벌이한다》	너바나	알키	2015
31	《대박땅꾼 전은규의 집 없어도 땅은 사라》	전은규	국일증권 경제연구소	2018
32	《부동산의 보이지 않는 진실》	이재범(핑크팬더) 김영기(봄날의곰)	프레너미	2016
33	《앞으로 10년, 대한민국 부동산》	김장섭(조던)	트러스트북스	2019
34	《합법적으로 세금 안 내는 110가지 방법》	신방수	아라크네	2020
35	《돈이 없을수록 서울의 아파트를 사라》	김민규(구피생이)	위즈덤하우스	2017

36	《부의 대이동》	오건영	페이지2	2020
37	《월급으로 당신의 부동산을 가져라》	시루	다온북스	2017
38	《부의 추월차선》	엠제이 드마코	토트출판사	2013
39	《3시간 공부하고 30년 써먹는 부동산 시장 분석 기법》	구만수	한국경제신문i	2017
40	《오르는 부동산의 법칙》	조현철	매일경제신문사	2017
41	《돈이 없어도 내가 부동산을 하는 이유》	안신영(미소영)	다다리더스	2017
42	《분옹산의 재개발 투자 스터디》	강영훈	도서출판 구루핀	2017
43	《1,2기 신도시 아파트 투자지도》	이영삼 · 김기홍	한국경제신문i	2016
44	《대한민국 아파트 시장 인사이트》	이종원	북아이콘	2016
45	《빅데이터 부동산 투자》	김기원	다산북스	2018
46	《지금 서울에 집사도 될까요?》	samtoshi	도서출판 구루핀	2018
47	《안수남 세무사의 다주택자 중과세에서 살아남기》	안수남	라의눈	2018
48	《그들이 알려주지 않는 투자의 법칙》	영주 닐슨	위즈덤하우스	2018
49	《돈의 법칙》	토니 로빈스	RHK	2018
50	《10년 동안 적금밖에 모르던 39세 김 과장은 어떻게 1년 만에 부동산 천재가 됐을까?》	김재수(렘군)	비즈니스북스	2018
51	《제네시스박의 부동산 절세》	제네시스박	황금부엉이	2020
52	《부자사전》	허영만	위즈덤하우스	2005
53	《지성의 돈되는 부동산 1인법인》	지성	잇콘	2019

54	《전업맘, 재테크로 매년 3000만 원 벌다》	박현욱(슈앤슈)	참돌	2019
55	《돈 공부는 처음이라》	김종봉 · 제갈현열	다산북스	2019
56	《월급쟁이 부자들》	이명로(상승미소)	스마트북스	2019
57	《미라클 모닝》	할 엘로드	한빛비즈	2016
58	《앞으로 5년 한국의 미래 시나리오》	최윤식 · 최현식	지식노마드	2019
59	《내가 주식을 사는 이유》	오정훈	연필	2018
60	《이은하 세무사의 부동산 절세 오늘부터 1일》	이은하	스마트북스	2020
61	《주택임대사업자의 모든 것》	지병근 · 지병규 · 김영선	더존테크윌	2020
62	《연봉 3천 구과장은 어떻게 월급만으로 부동산 투자를 했을까?》	안정호(구짱)	원앤원북스	2019
63	《한 달 만에 월세 받는 셰어하우스 재테크》	이경준	길벗	2019
64	《월급쟁이 부자로 은퇴하라》	너나위	RHK	2019
65	《주택청약의 정석》	권소혁	한국경제신문i	2020
66	《타이탄의 도구들》	팀 페리스	토네이도	2020
67	《미움받을 용기》	기시미 이치로 · 고가 후미타케	인플루엔셜	2014
68	《언락》	조 볼러	다산북스	2020
69	《돈의 속성》	김승호	스노우폭스북스	2020
70	《내 집 없는 부자는 없다》	대치동 키즈	원앤원북스	2020

예 시	주공1단지(아파트명)			동	호
	매매가	전세가	전세만료일	101	101
	1억 2000	1억 500	2019.12		

구분	신발장	도배	장판	전등	씽크대	화장실1	화장실2
상태 ○△×	X	△	○	X			

구분	거실 베란다 샷시	거실 베란다 결로	거실 외 내부 샷시	확장 여부	방충망	기타	기타
상태 ○△×	X	X	○	작은방	△		

기타 특이 사항	반려동물, 담배냄새 등이 있다
	세입자 연장 계약 원함
	도로 인접해서 소음 있음

				동	호
1	매매가	전세가	전세만료일		

구분	신발장	도배	장판	전등	씽크대	화장실1	화장실2
상태 ○△×							
구분	거실 베란다 샷시	거실 베란다 결로	거실 외 내부 샷시	확장 여부	방충망	기타	기타
상태 ○△×							
기타 특이 사항							

구역명	1	2	3	4	5
진행단계					
시공사					
총세대수					
일반분양 세대수					
조합원분양가					
면적					
진행상황					

( )구역 매물 (0000년 00월 기준)		84평형신청 시		시세비교단지	
감정평가금액		조합원분양가		아파트명	
프리미엄		일반분양가		입주년월	
매매가		분담금		세대수	
전세보증금		매매가		KB매매가 (일반가)	
투자금		총매수가		KB전세가 (일반가)	

재건축 재개발 구역 조사 서식

구역명	1	2	3	4	5
진행단계					
시공사					
총세대수					
일반분양 세대수					
조합원분양가					
면적					
진행상황					

(　　)구역 매물 (0000년 00월 기준)		84평형신청 시		시세비교단지	
감정평가금액		조합원분양가		아파트명	
프리미엄		일반분양가		입주년월	
매매가		분담금		세대수	
전세보증금		매매가		KB매매가 (일반가)	
투자금		총매수가		KB전세가 (일반가)	

4 서울 초기 단계 재건축/재개발 현황

● 서울 초기 단계 재건축 (조합설립이전) ●

재건축		
동	구역명	단계
강남구 개포동	개포주공6.7단지	추진위승인
	개포주공5단지	추진위승인
	개포현대1차아파트	정비구역지정
강남구 대치동	은마아파트	추진위승인
강남구 도곡동	개포럭키아파트	추진위승인
강남구 도곡동	개포5차우성아파트	추진위승인
강남구압구정동	압구정아파트특별계획구역 3재건축사업조합	추진위승인
	압구정아파트특별계획구역 4재건축사업조합	추진위승인
	압구정아파트특별계획 구역 5재건축사업조합	추진위승인
서초구 반포동	삼호가든5차아파트	추진위승인
	신반포궁전아파트	추진위승인
서초구 방배동	방배15구역	기본계획수립
	방배삼호12,13동 소규모재건축	기본계획수립
	방배삼호아파트	추진위승인
	방배7구역	추진위승인
서초구 잠원동	신반포12차아파트	추진위승인
	신반포25차아파트	추진위승인
	신반포26차아파트	추진위승인
	신반포2차아파트	추진위승인
송파구 가락동	가락미륭아파트	정비구역지정
송파구 방이동	한양3차아파트	추진위승인
송파구 송파동	송파한양2차아파트	추진위승인
송파구 잠실동	잠실우성아파트	추진위승인

재건축		
동	**구역명**	**단계**
강동구 길동	삼익파크아파트	정비구역지정
강동구 명일동	삼익그린2차	추진위승인
	삼익맨숀아파트	정비구역지정
관악구 신림동	건영아파트	추진위승인
	신림미성아파트	추진위승인
금천구 가산동	우창연립	추진위승인
영등포구 문래동3가	국화아파트	기본계획수립
영등포구 신길동	신길13구역	추진위승인
	신길우성2,우창	정비구역지정
영등포구 양평동1가	신동아아파트	추진위승인
영등포구 여의도동	광장아파트	안전진단
	수정아파트	추진위승인
	미성아파트	추진위승인
	시범아파트(신탁방식)	추진위승인
구로구 고척동	고덕동 산업인아파트	추진위승인
광진구 자양동	자양7구역	추진위승인
성동구 성수동1가	성수1구역	추진위승인
용산구 서빙고동	신동아	추진위승인
용산구 이촌동	이촌동1구역	추진위승인
	중산아파트	추진위승인
용산구 후암동	후암동1구역	추진위승인
은평구 불광동	불광1구역	추진위승인

(2020.7.10. 서울시클린업 기준)

● 서울 초기 단계 재개발 (관리처분이전) ●

재개발		
동	**구역명**	**단계**
송파구 마천동	마천1구역	정비구역지정
	마천3구역	조합설립인가
	마천4구역	조합설립인가
강동구 천호동	(가칭)천호동532-2번지일대	기본계획수립
동작구 노량진동	노량진4구역	사업시행인가
	노량진3구역	조합설립인가
	노량진5구역	조합설립인가
	노량진6구역	사업시행인가
	노량진2구역	사업시행인가
	노량진1구역	조합설립인가
동작구 대방동	노량진7구역	사업시행인가
	노량진8구역	사업시행인가
동작구 흑석동	흑석9구역	사업시행인가
	흑석1구역	추진위승인
	흑석3구역	사업시행인가
	흑석11구역	조합설립인가
관악구 봉천동	봉천4-1-2구역	조합설립인가
	봉천4-1-3구역	조합설립인가
	봉천14구역	추진위승인
	봉천13구역	추진위승인
관악구 신림동	신림3구역	사업시행인가
	신림2구역	사업시행인가
	신림1구역	조합설립인가
영등포구 신길동	신길역세권 공공임대주택건립	추진위승인
	신길2	조합설립인가
구로구 고척동	고척4구역	사업시행인가
양천구 신월동	신정1-3	사업시행인가

재개발		
동	구역명	단계
성동구 금호동2가	금호16구역	사업시행인가
성동구 성수동1가	성수전략정비구역1지구	조합설립인가
성동구 성수동2가	성수전략정비구역4지구	조합설립인가
	성수전략정비구역2지구	조합설립인가
	성수전략정비구역3지구	조합설립인가
용산구 동빙고동	한남5구역	조합설립인가
용산구 보광동	한남4구역	조합설립인가
	한남2구역	조합설립인가
용산구 청파동2가	청파1구역	추진위승인
용산구 한남동	한남3구역	사업시행인가
용산구 효창동	효창6구역	조합설립인가
마포구 공덕동	공덕6구역	추진위승인
마포구 도화동	마포로1구역 제10지구 도시정비형재개발	추진위승인
서대문구 북가좌동	가재울7구역	추진위승인
북아현동	북아현3구역	사업시행인가
	북아현2구역	사업시행인가
은평구 갈현동	갈현1구역	사업시행인가
은평구 대조동	대조1구역	사업시행인가
은평구 불광동	불광5구역	조합설립인가
은평구 수색동	수색8구역	사업시행인가
은평구 증산동	증산5구역	사업시행인가
종로구 교남동	돈의문2구역 도시정비형(신탁)	정비구역지정
종로구 신영동	신영1구역	사업시행인가
중구 신당동	가칭(구)신당10구역	기본계획수립
	신당8구역	사업시행인가
	신당9구역	조합설립인가
중구 중림동	중림동일대	기본계획수립

재개발		
동	**구역명**	**단계**
동대문구 용두동	용두1 도시환경 정비구역 5지구	추진위승인
	용두1 도시환경 정비구역 3지구	추진위승인
	용두1구역 2지구	조합설립인가
동대문구 이문동	이문4구역	조합설립인가
동대문구 전농동	전농9구역	추진위승인
	전농8구역	추진위승인
	전농12구역	추진위승인
동대문구 제기동	제기6구역	조합설립인가
동대문구 제기동	제기4구역	사업시행인가
동대문구 청량리동	청량리7구역	사업시행인가
	청량리8구역	조합설립인가
성북구 돈암동	돈암6구역	조합설립인가
성북구 성북동	성북1구역	추진위승인
	성북2구역	조합설립인가
성북구 장위동	가칭 장위11-8구역 가로주택정비	추진위승인
	장위15구역	추진위승인
	장위14구역	조합설립인가
	장위3구역	조합설립인가
성북구 정릉동	길음5구역	조합설립인가
성북구 정릉동	정릉골	조합설립인가
강북구 미아동	미아2촉진구역	조합설립인가
	미아3촉진구역	조합설립인가
도봉구 도봉동	도봉2구역	사업시행인가
노원구 상계동	상계5구역	조합설립인가
	상계2구역	조합설립인가
	상계1구역	조합설립인가

(2020.7.10. 서울시클린업 기준)

• 서울 초기 단계 도시환경정비사업 (관리처분이전) •

도시환경정비		
동	**구역명**	**단계**
동작구 신대방동	신대방역세권	정비구역지정
동작구 흑석동	흑석2구역	추진위승인
영등포구 문래동	문래동4가	추진위승인
영등포구 양평동2가	양평14구역	추진위승인
영등포구 영등포동5가	영등포1-12구역	조합설립인가
	영등포1-13구역	조합설립인가
	영등포1-11구역	추진위승인
영등포구 영등포동7가	영등포 1-2구역	조합설립인가
양천구 신정동	신정3-1	추진위승인
성동구 용답동	장안평 중고차매매센터	조합설립인가
용산구 한강로1가	한강로구역	조합설립인가
용산구 한강로2가	신용산북측1, 2구역	조합설립인가
용산구 한강로3가	정비창전면 1구역	추진위승인
	용산역전면1-2구역	추진위승인
마포구 아현동	마포로3구역 3지구	사업시행인가
서대문구 충정로3가	마포로5구역 2지구	추진위승인
서대문구 홍제동	홍제3구역	추진위승인
	홍제2구역	조합설립인가
종로구 내자동	내자동	추진위승인
종로구 사직동	사직제2구역	사업시행인가
종로구 창신동	창신4구역	추진위승인
동대문구 전농동	전농	조합설립인가
성북구 길음동	신길음1구역	조합설립인가
성북구 하월곡동	신월곡1구역	사업시행인가
중랑구 상봉동	상봉7구역	사업시행인가

(2020.7.10. 서울시클린업 기준)

책으로 시작하는
부동산 공부